Análisis del entorno laboral y gestión de relaciones laborales desde la perspectiva de género

Isabel María Márquez Pérez

ic editorial

Análisis del entorno laboral y gestión de relaciones laborales desde la perspectiva de género

Colaboradora: Alicia Jiménez García

1ª Edición

Editado por: IC Editorial
c/ Cueva de Viera, 2, Local 3
Centro Negocios CADI
29200 Antequera (Málaga)
Teléfono: 952 70 60 04
Fax: 952 84 55 03
Correo electrónico: iceditorial@iceditorial.com
Internet: www.iceditorial.com

ISBN: 978-84-1184-474-1
Depósito Legal: MA-2648-2024

Impresión: PODiPrint
Impreso en Andalucía – España

Nota de la editorial: IC Editorial pertenece a Innovación y Cualificación S. L.

Presentación del manual

El **Certificado de Profesionalidad** es el instrumento de acreditación, en el ámbito de la Administración laboral, de las cualificaciones profesionales del Catálogo Nacional de Cualificaciones Profesionales adquiridas a través de procesos formativos o del proceso de reconocimiento de la experiencia laboral y de vías no formales de formación.

El elemento mínimo acreditable es la **Unidad de Competencia.** La suma de las acreditaciones de las unidades de competencia conforma la acreditación de la competencia general.

Una **Unidad de Competencia** se define como una agrupación de tareas productivas específica que realiza el profesional. Las diferentes unidades de competencia de un certificado de profesionalidad conforman la **Competencia General,** definiendo el conjunto de conocimientos y capacidades que permiten el ejercicio de una actividad profesional determinada.

Cada **Unidad de Competencia** lleva asociado un **Módulo Formativo,** donde se describe la formación necesaria para adquirir esa **Unidad de Competencia,** pudiendo dividirse en **Unidades Formativas.**

El presente manual desarrolla la Unidad Formativa **UF2686: Análisis del entorno laboral y gestión de relaciones laborales desde la perspectiva de género,**

perteneciente al Módulo Formativo **MF1582_3: Promoción para la igualdad efectiva de mujeres y hombres en materia de empleo,**

asociado a la unidad de competencia **UC1582_3: Detectar e informar a organizaciones, empresas, mujeres y agentes del entorno de intervención sobre relaciones laborales y la creación, acceso y permanencia del empleo en condiciones de igualdad efectiva de mujeres y hombres,**

del Certificado de Profesionalidad **Promoción para la igualdad efectiva de mujeres y hombres.**

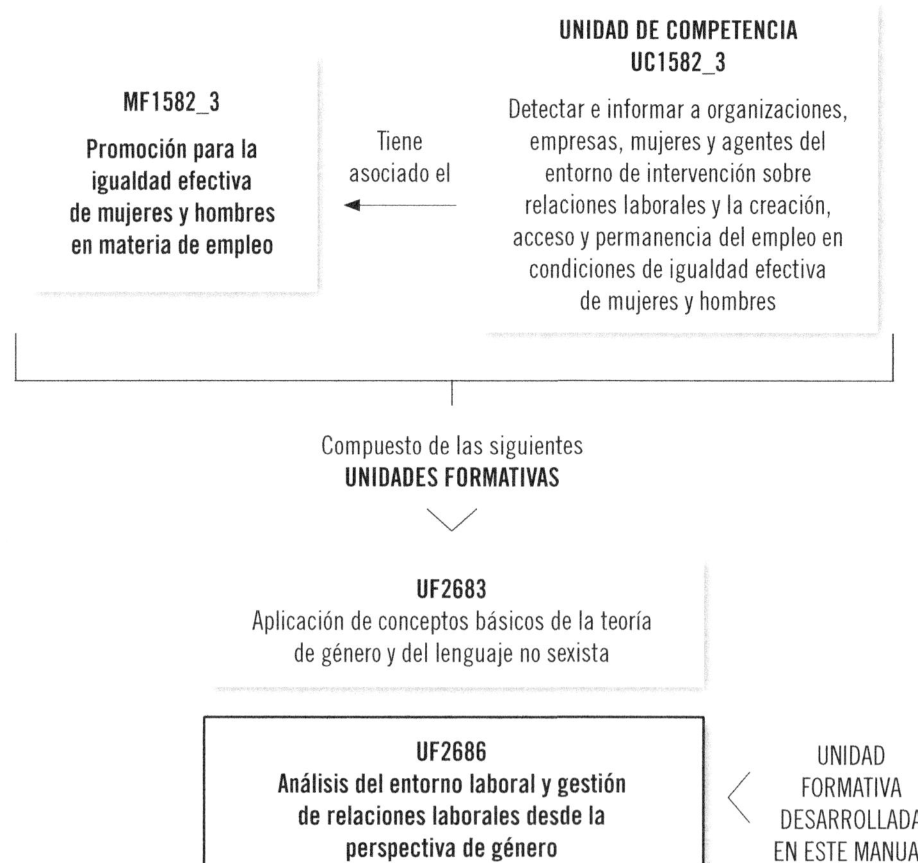

FICHA DE CERTIFICADO DE PROFESIONALIDAD

(SSCE0212) PROMOCIÓN PARA LA IGUALDAD EFECTIVA DE MUJERES Y HOMBRES (R. D. 990/2013, de 13 de diciembre)

COMPETENCIA GENERAL: Detectar situaciones de desigualdad, visibilizándolas ante el conjunto de la sociedad, trabajando en su prevención y en su erradicación en colaboración con el equipo de intervención, las instituciones y los agentes sociales, y potenciando la participación ciudadana de las mujeres, así como la articulación de procesos comunitarios enfocados hacia su «empoderamiento».

Cualificación profesional de referencia	Unidades de competencia		Ocupaciones o puestos de trabajo relacionados
SSC451_3: PROMOCIÓN PARA LA IGUALDAD EFECTIVA DE MUJERES Y HOMBRES (R. D. 1096/2011, de 22 de julio)	UC1453_3	Promover y mantener canales de comunicación en el entorno de intervención, incorporando la perspectiva de género	• 37141017 Promotor/a de igualdad de oportunidades entre mujeres y hombres • Técnico/a de apoyo en materia de igualdad efectiva de mujeres hombres • Promotor/a para la igualdad efectiva de mujeres y hombres • 37131041 Promotores de igualdad de oportunidades, en general
	UC1454_3	Favorecer la participación de las mujeres y la creación de redes estables que, desde la perspectiva de género, impulsen el cambio de actitudes en la sociedad y el «empoderamiento» de las mujeres	
	UC1582_3	Detectar e informar a organizaciones, empresas, mujeres y agentes del entorno de intervención sobre relaciones laborales y la creación, acceso y permanencia del empleo en condiciones de igualdad efectiva de mujeres y hombres	
	UC1583_3	Participar en la detección, análisis, implementación y evaluación de proyectos para la igualdad efectiva de mujeres y hombres	
	UC1584_3	Detectar, prevenir y acompañar en el proceso de atención a situaciones de violencia ejercida contra las mujeres	

Correspondencia con el Catálogo Modular de Formación Profesional		
Módulos certificado	Unidades formativas	Horas
MF1453_3: Comunicación con perspectiva de género	UF2683: Aplicación de conceptos básicos de la teoría de género y del lenguaje no sexista	60
	UF2684: Procesos de comunicación con perspectiva de género en el entorno de intervención	80
MF1454_3: Participación y creación de redes con perspectiva de género	UF2683: Aplicación de conceptos básicos de la teoría de género y del lenguaje no sexista	60
	UF2685: Procesos de participación de mujeres y hombres y creación de redes para el impulso de la igualdad	70
MF1582_3: Promoción para la igualdad efectiva de mujeres y hombres en materia de empleo	UF2683: Aplicación de conceptos básicos de la teoría de género y del lenguaje no sexista	60
	UF2686: Análisis del entorno laboral y gestión de relaciones laborales desde la perspectiva de género	90
MF1583_3: Acciones para la igualdad efectiva de mujeres y hombres	UF2683: Aplicación de conceptos básicos de la teoría de género y del lenguaje no sexista	60
	UF2687: Análisis y actuaciones en diferentes contextos de intervención (salud y sexualidad, educación, ocio, deporte, conciliación de la vida personal, familiar y laboral, movilidad y urbanismo y gestión de tiempos)	80
MF1584_3: Detección, prevención y acompañamiento en situaciones de violencia contra las mujeres	UF2683: Aplicación de conceptos básicos de la teoría de género y del lenguaje no sexista	60
	UF2688: Análisis y detección de la violencia de género y los procesos de atención a mujeres en situaciones de violencia	70
MP0561: Módulo de prácticas profesionales no laborales		120

Índice

Capítulo 1

Mecanismos de observación del entorno laboral desde la perspectiva de género y manejo de recursos

Contenido

1. Introducción

Apremiadas por la necesidad de mano de obra y reforzadas por las políticas que marca Europa, las mujeres europeas, y en concreto las españolas, se han incorporado mayoritariamente en los últimos tiempos al mercado laboral, generando una auténtica revolución en las estructuras sociales y familiares que hasta el momento se habían mantenido.

El paso del ámbito familiar y privado a la esfera pública, el cambio en los roles familiares y sociales en las mujeres y la conciliación de la vida social y laboral han conllevado toda una serie de problemas y contradicciones que han generado una serie de respuestas, tanto por parte de las diferentes organizaciones europeas como estatales, para lograr una incorporación plena de la mujer al mundo laboral.

Para dar comienzo al análisis del entorno laboral y gestión de las relaciones laborales desde la perspectiva de género, eje del presente manual, se comenzará por realizar, en este primer capítulo, un análisis de los mecanismos de observación del entorno laboral desde la perspectiva de género y el manejo de los diferentes recursos disponibles.

2. Aplicación de la definición de empleo y situaciones laborales. Estructura del mercado laboral y su incidencia en la igualdad efectiva de mujeres y hombres

Para realizar una aproximación completa al mercado laboral actual y la situación en él de las mujeres será necesario partir, en primer lugar, del análisis del marco de las diferencias y relaciones entre sexos y a partir de ahí inferir las consecuencias que dicha diferenciación va a tener en los ámbitos económico y laboral.

2.1. Conceptos básicos

Para comenzar se verán las definiciones de sexo y género. De una forma general, el sexo se define en función de la biología de cada individuo, mientras el género hace referencia a la construcción social que se hace de esa determinada característica biológica, es decir, el género se va a definir como las características psicológicas, sociales o culturales asignadas a las personas, en función de su característica biológica de sexo.

Fue a partir de la década de los 70, con la explosión de los estudios de la historia desde la perspectiva feminista, cuando empezó a usarse con mayor énfasis el concepto de género, en concreto con la proposición de la antropóloga cultural Gayle Rubin (1975, Universidad de Michigan) que definía la dualidad sexo-género, del siguiente modo:

> *El sistema de relaciones sociales que transforma la sexualidad biológica en productos de actividad humana y en el que se encuentran las resultantes necesidades sexuales históricamente especificadas.*

Tradicionalmente los ámbitos económico, laboral y profesional han otorgado una diferenciación a las funciones de hombres y mujeres. Históricamente los hombres han ocupado las funciones productivas, el trabajo remunerado en la esfera pública y las mujeres, en cambio, se han encargado de las funciones reproductivas, trabajos no remunerados en el ámbito de lo doméstico o esfera privada. Las tradicionales teorías económicas han puesto en valor la producción de bienes y servicios y han obviado los trabajos no remunerados, que son los que tradicionalmente han desarrollado las mujeres. Frente a este enfoque tradicional, a partir de los años 70 surgió una nueva perspectiva para el análisis de la historia, de la economía y de las relaciones sociales que contribuyó a esclarecer las desigualdades existentes entre mujeres y hombres. Esta fue la perspectiva feminista.

A partir de este momento se empezó a acuñar el término de género y aplicar dicha perspectiva en el análisis histórico y social, de este modo las implicaciones que conlleva el término género se pueden mostrar del siguiente modo, según Meynen, Wicky y Vargas, Virginia, (1991):

> *El género no es una categoría aislada, en dos sentidos: es una relación social entre mujeres y hombres que modifica e influye estas relaciones y es a la vez influenciada y modificada por ellas. Es un elemento constitutivo de las relaciones sociales en general (cuando se fundan en diferencias percibidas entre los sexos) y que se expresa, a lo largo del tejido de las relaciones e instituciones sociales, en símbolos, normas, organización política y social y en las subjetividades personales y sociales. Es además una primera forma -persistente y recurrente- aunque no la única, de representar relaciones de poder.*

Actividades

1. Realice una investigación sobre los hitos más importantes en la teoría del feminismo desde los años 70.
2. Realice un esquema donde se señalen las principales diferencias e implicaciones de la diferencia entre los conceptos de sexo y género.

Una vez analizados los conceptos de sexo y género e inferida su implicación en el sistema económico y social, así como en las relaciones de poder, se pasa a analizar un concepto que se encuentra íntimamente ligado a ambos términos y que emana de las relaciones de poder existentes; es el concepto de discriminación.

Según la OIT (Organización Internacional del Trabajo):

> *Discriminar en el empleo y la ocupación es tratar a las personas de forma diferente y menos favorable debido a determinadas características como el sexo, el color de la piel, su religión, ideas políticas u origen social, con independencia de los requerimientos del trabajo.*

La Organización Internacional del Trabajo define también dos tipos de discriminación: la discriminación directa e indirecta. Se habla de discriminación directa cuando las leyes, regulaciones o políticas excluyen explícitamente o sitúan en una posición de desventaja a trabajadores en base a características con la opinión política, el estado civil o el sexo. Se trata de un tipo de discriminación indirecta cuando las normas y prácticas que, en apariencia, son neutrales tienen efectos negativos en un número desproporcionado de miembros de un grupo, con independencia de si cumplen o no los requerimientos del trabajo.

Esta clasificación también se desarrolla en el artículo 6.1 de la Ley 15/2022, de 12 de julio, integral para la igualdad de trato y la no discriminación, junto a los siguientes tipos:

- Discriminación por asociación: se produce cuando una persona o grupo sufre un trato discriminatorio por estar relacionada con otra en la que se da alguna de las causas de discriminación recogidas en el art. 2.1 de la Ley.
- Discriminación por error: aquella que se basa en una apreciación incorrecta de las características del sujeto discriminado.
- Discriminación múltiple: aquella que se produce cuando existe discriminación hacia una persona por varias causas, de las contempladas en la ley, a la vez.
- Discriminación interseccional: cuando la concurrencia de varias causas de discriminación de la ley, originan una tipología nueva.

No obstante, no se podrán considerar como discriminación los siguientes casos:

- El trato diferente basado en los requerimientos inherentes a las circunstancias determinadas de un trabajo.
- Las distinciones establecidas en consideración a los méritos individuales.
- Las medidas especiales adoptadas para asegurar la igualdad de trato y oportunidades para personas con requerimientos particulares o para grupos de personas con desventajas debidas a pasadas o presentes discriminaciones del mercado de trabajo.

Estas últimas medidas podrán diferenciarse en base a dos criterios, por una parte se encuentran las medidas especiales de protección o asistencia y por otra las medidas de acción o discriminación positiva.

Siguiendo a Jacobsen (1994) la discriminación laboral se define en los siguientes términos:

> *La discriminación en el lugar de trabajo se produce cuando dos personas que tienen igual productividad y gustos por las condiciones de trabajo, pero son miembros de grupos diferentes, reciben distintos resultados en el lugar de trabajo en términos de los salarios que se les pagan o de su acceso al trabajo.*

Se puede decir que, de forma general, la discriminación en el trabajo se concentra en los ámbitos de remuneración, contratación y las prácticas de promoción.

Con la Constitución Española de 1978, el Estado Español reconoce legalmente el derecho a la igualdad de género, en diferentes preceptos a lo largo de su articulado; en concreto, el artículo 35 de la Constitución Española expone lo siguiente:

> *Todos los españoles tienen el deber de trabajar y el derecho al trabajo, a la libre elección de profesión u oficio, a la promoción a través del trabajo y a una remuneración suficiente para satisfacer sus necesidades y las de su familia, sin que en ningún caso pueda hacerse discriminación por razón de sexo.*

El principio de "no discriminación", de forma general es una manifestación del principio de igualdad que impone la paridad en el trato entre todos los individuos, el principio de "no discriminación por razón de sexo", de forma particular es descartado por la Constitución, por atentar contra la dignidad del ser humano, ya sea discriminación de tipo directa o indirecta.

Actividades

3. ¿En cuántos artículos de la Constitución Española de 1978 se habla de la no discriminación?
4. ¿Existe algún artículo en la anterior Constitución española de 1931 en el que se hable del principio de no discriminación? Coméntelo.

Partiendo del derecho constitucional de igualdad de género, se promulga la **Ley Orgánica 3/2007, de 22 de marzo,** para la igualdad efectiva de mujeres y hombres (LOIEMH), con objeto de acabar con las manifestaciones que aún subsisten en nuestra sociedad de discriminación y promover una igualdad real y efectiva entre mujeres y hombres, sea cual sea su circunstancia o condición en cualquier ámbito de la vida.

Centrándose en el ámbito laboral, la LOIEMH, en su artículo 5, recoge de forma expresa y generalizada la igualdad de trato y oportunidades en el acceso al empleo, la formación y la promoción profesional, así como en las condiciones laborales, como retribución y despido, tanto en el ámbito del empleo privado como público, recogiendo en el título IV los siguientes 9 artículos, en relación al "derecho al trabajo en igualdad de oportunidades":

- Artículo 42: Programas de mejora de la empleabilidad de las mujeres.
- Artículo 43: Promoción de la igualdad en la negociación colectiva.
- Artículo 44: Los derechos de conciliación de la vida personal, familiar y laboral.
- Artículo 45: Elaboración y aplicación de los planes de igualdad.
- Artículo 46: Concepto y contenido de los planes de igualdad de las empresas.
- Artículo 47: Transparencia en la implantación del plan de igualdad.
- Artículo 48: Medidas específicas para prevenir la comisión de delitos y otras conductas contra la libertad sexual y la integridad moral en el trabajo.
- Artículo 49: Apoyo a la implantación voluntaria de los planes de igualdad.
- Artículo 50: Distintivo para las empresas en materia de igualdad.

En el título II de la LOIEMH se van a considerar las "políticas públicas para la igualdad", determinando en el capítulo I los "Principios generales" de actuación de los poderes públicos en relación a la igualdad y el capítulo II donde se determina la "Acción administrativa para la igualdad".

En dicho capítulo I, se consagra el principio de presencia equilibrada de mujeres y hombres en las listas electorales, así como en los nombramientos realizados por los poderes públicos, con las siguientes modificaciones en las disposiciones adicionales de la Ley Electoral, regulándose también en dicho sentido los informes de impacto de género y la planificación pública de las acciones a favor de la igualdad.

Los criterios generales a los que los poderes públicos deben atender se recogen del siguiente modo en el artículo 14 de la LOIEMH:

1. Integración del principio de igualdad de trato y de oportunidades en el conjunto de las políticas laboral, social, económica, artística y cultural, con el fin de evitar la segregación laboral y las diferencias retributivas.
2. La potenciación del crecimiento del empresariado femenino, en todos los ámbitos que abarque el conjunto de políticas y el valor del trabajo de las mujeres, incluido el doméstico.
3. La protección de la maternidad, con especial atención a la asunción por la sociedad de los efectos derivados del embarazo, parto y lactancia.
4. El establecimiento de medidas que aseguren la conciliación laboral, personal y familiar de mujeres y hombres, así como el fomento de la corresponsabilidad en las labores domésticas y el cuidado a la familia.

Seguidamente, en cuanto a la Administración Pública, la LOIEMH, en el artículo 15, añade la particular exigencia a las administraciones públicas para que integren de forma activa el principio de igualdad de trato entre mujeres y hombres en la adopción y ejecución de disposiciones normativas. De este modo, entre las acciones positivas, las Administraciones podrán ofrecer incentivos como, por ejemplo, subvenciones, ventajas fiscales o distintivo de igualdad, a aquellas empresas que incorporen medidas tendentes a la igualdad. En este mismo sentido se expresa en su articulado la intención de premiar a aquellas empresas que demuestren una situación positiva en materia de igualdad de oportunidades en el ámbito de la contratación pública.

Del mismo modo se implementa la necesidad de elaboración de un "impacto de género" en todas las convocatorias de pruebas selectivas de acceso al empleo público.

Actividades

5. Realice una búsqueda sobre el impacto de género de al menos una convocatoria pública de empleo estatal.
6. Reflexione sobre los elementos que se recogen en dicho informe, ¿considera dichas medidas las más apropiadas para fomentar la igualdad de género? ¿Incluiría alguna medida más? Justifique su respuesta.

Con la publicación de la Resolución de 29 de diciembre de 2020, de la Secretaría General de Función Pública, se aprobó el III Plan para la igualdad de género en la Administración General del Estado y en los Organismos Públicos vinculados o dependientes de ella y el artículo 64 de la LOIEMH, donde se contempla que el Gobierno deberá aprobar al inicio de cada legislatura un Plan de Igualdad entre Mujeres y Hombres, donde se fijarán los objetivos a alcanzar en materia de promoción de la igualdad de trato y oportunidades en el empleo público, así como las estrategias o medidas para lograr su consecución.

Finalmente, el 12 de julio de 2022 se publicó la Ley 15/2022 integral para la igualdad de trato y la no discriminación, en la que se reconoce este derecho en los ámbitos del empleo por cuenta ajena, la negociación colectiva y en el trabajo por cuenta propia. Estos se desarrollan concretamente en los artículos 9, 10 y 11 de la ley.

Para el cumplimiento de este derecho en dichos ámbitos se recoge la prohibición de establecer límites, segregaciones o exclusiones, por las causas reguladas en el artículo 2.1 de la ley, en los criterios de selección para el acceso al empleo, formación, promoción profesional, retribución, jornada y restantes condiciones de trabajo; además, se aplica esta prohibición a la suspensión, despido u otras formas de extinción legales. De igual forma, la normativa considera discriminatorios los criterios y sistemas que provoquen situaciones de discriminación indirecta.

Para velar por su cumplimiento en el empleo por cuenta ajena, los servicios públicos de empleo, las entidades colaboradoras y las agencias de colocación deben aplicar las medidas pertinentes.

A través de la negociación colectiva se pueden fijar medidas de acción positiva encaminadas a la prevención, eliminación y corrección de cualquier forma de discriminación en el empleo y en sus condiciones de trabajo. Una de estas medidas pueden ser el establecimiento de mecanismos de información y de evaluación periódica.

En cuanto al trabajo por cuenta propia, la ley recoge la prohibición indicando que "No podrán establecerse limitaciones, segregaciones o exclusiones por las causas previstas en esta ley en el acceso al ejercicio y en el desarrollo de una actividad por cuenta propia". Esto es aplicable a los acuerdos entre el trabajador autónomo y sus clientes.

Con este esquema general donde se han podido comprobar inicialmente las diferencias entre los términos de sexo y género, el concepto de discriminación, discriminación en el trabajo y un esbozo de la Constitución y la legislación vigente en el Estado Español, se pretende poner en situación sobre la problemática actual en el mercado de trabajo desde la perspectiva de género, para poder pasar a continuación a la realización de un análisis más exhaustivo sobre la Aplicación de la definición de empleo y situaciones laborales y la Estructura del mercado laboral y su incidencia en la igualdad efectiva entre mujeres y hombres.

2.2. Aplicación de la definición de empleo y situaciones laborales

Para establecer adecuadamente desde una perspectiva de género la definición de empleo y las situaciones laborales será necesario tener en consideración la definición que tradicionalmente se ha dado al trabajo y, en consecuencia, al empleo.

En primer lugar, cuando se habla de trabajo se hace referencia a aquellas actividades en las que se producen bienes y servicios, para uso propio o para el intercambio por una remuneración, que se puede aportar en diferentes formas.

Las autoras Reskin y Padavic (1994) hacen una distinción entre tres tipos de trabajo, que son los siguientes:

- Trabajo remunerado, se considera aquel tipo de trabajo que genera ingresos o retribuciones.
- Trabajo forzado, se trata de aquel trabajo que se realiza contra la propia voluntad y con escasa o nula retribución.
- Trabajo no remunerado o trabajo no de mercado, aquel que se realiza por propia voluntad y que no está repercutido con remuneración. Se trata de un tipo de trabajo que se realiza para uno mismo o para otros, dentro de este tipo se sitúa lo que, tradicionalmente, se conoce como trabajo doméstico.

La importancia de esta clasificación desde la perspectiva feminista se sitúa en el hecho de que, tradicionalmente, el trabajo doméstico ha sido realizado por las mujeres en las diferentes sociedades modernas y este tiene las siguientes características:

- El trabajo doméstico es una obligación que tiene costos en términos de tiempo y energía.
- Es un trabajo que no se encuentra recompensado con un salario.
- Es un trabajo indispensable para la continuación de toda la sociedad.

Actividades

7. ¿Qué implicaciones ha tenido el trabajo doméstico realizado tradicionalmente por las mujeres en el desarrollo social?
8. Según su opinión, ¿cree que el trabajo doméstico debería estar remunerado socialmente? Justifique su respuesta.

Continuando con el análisis que Reskin y Padavic (1994) realizan del trabajo y sus funciones, estas autoras sitúan el origen de la clasificación y definición del trabajo, como tal, en la época de la Revolución Industrial. En la Revolución

Industrial apareció el concepto de *mano de obra* o fuerza de trabajo, debido a la aparición de los sistemas fabriles de producción. La mano de obra hacía referencia a la gente que trabajaba a cambio de un salario. Con lo que se empezó a vislumbrar la distinción entre aquellas personas que trabajaban a cambio de un salario y quienes no lo hacían, es decir, los no empleados.

Aunque la clase de los no empleados, o desempleados, no era nueva, pues las clases privilegiadas desde hacía tiempo no realizaban trabajos productivos (estudiantes, jubilados, ricos...), esta nueva división se centraba en la diferencia entre quienes realizaban trabajos remunerados, y quienes realizaban trabajos no remunerados, incluidos en esta segunda posición tanto a las personas que siendo de clase privilegiada no realizaban trabajos productivos y a quienes realizaban trabajos reproductivos o no remunerados, como los trabajos domésticos, el cuidado a los miembros de la familia, amigos...

Nota

La división del trabajo no se centraba en la distinción entre el tipo de trabajo realizado, sino en la remuneración o no del mismo.

Dicha división o clasificación del trabajo tuvo importantes consecuencias en las diferencias de género en el trabajo, debido a la pertenencia mayoritaria de los hombres a la categoría de mano de obra.

Para Reskn y Padavic (1994) la Revolución Industrial, con el consecuente proceso de Industrialización, abre la brecha entre el trabajo de hombres y mujeres de dos formas diferentes:

- El trabajo remunerado se asigna a los hombres y el no remunerado a las mujeres, lo que originó que fueran los hombres los que representaran, en mayor medida, la fuerza de trabajo o mano de obra. Como consecuencia, la organización del trabajo se estableció de tal modo que se asumió que los trabajadores eran hombres y que estos con sus ingresos debían sostener a las mujeres.

- En segundo lugar, se estableció una clara división entre los trabajos que desempeñaban los hombres y mujeres que constituían la categoría de mano de obra, asignando trabajos diferentes a unos y otras.

Esta perspectiva economicista y androcéntrica del trabajo es la que, en los países industrializados, se ha mantenido hasta la época actual, con las consecuentes dualidades establecidas en torno al mercado laboral.

Continuando con la definición de empleo desde una perspectiva sociológica se podrá establecer una distinción entre empleo y trabajo en los siguientes términos:

- **Trabajo:** entendido como una actividad de producción de bienes y servicios, así como el conjunto de las condiciones de ejercicio de dicha actividad.
- **Empleo:** entendido como el conjunto de modalidades de acceso y salida del mercado de trabajo, así como la traducción de la actividad laboral en términos de estatus sociales.

De este modo, el trabajo va a suponer las condiciones de ejercicio de la actividad profesional y el empleo el hecho de tener o no un trabajo.

Siguiendo con las definiciones de las situaciones laborales, será importante destacar el concepto de **población activa;** la población activa va a constituir todas aquellas personas que se encuentran trabajando (entendiendo trabajo remunerado) y las que están buscando un trabajo remunerado. En otros términos, la tasa de actividad se podrá definir como todas aquellas personas que se encuentran **empleadas,** y las que están buscando trabajo **(paradas).** El resto de población que no se encuentre en ninguna de las dos categorías anteriormente descritas se situarán fuera del mercado laboral (a efectos estadísticos) y se considerará **población inactiva.**

Pese a que, estadísticamente, en términos nacionales, la población activa femenina ha crecido muy rápidamente, sobre todo en las últimas décadas, continúan existiendo significativas diferencias entre la población activa femenina y la masculina en las tasas de actividad.

Actividades

9. ¿A qué cree que es debida la incorporación masiva de la mujer al mercado de trabajo?
10. Realice un mapa conceptual con los motivos que expone en la actividad anterior.

La siguiente imagen muestra los datos de la EPA del segundo trimestre de 2024. Los datos se encuentran segregados por sexo, de manera que se puede comprobar la diferencia en más de 9 puntos entre hombres y mujeres en la tasa de actividad. En lo que corresponde a la tasa de empleo la diferencia es de 10 puntos, siendo mayor para los hombres que para las mujeres. En el caso de la tasa de paro, la diferencia entre hombres y mujeres es de 2,5 puntos, siendo mayor para las mujeres.

8 de agosto de 2024

RESUMEN ÚLTIMOS DATOS

Estadísticas y variables básicas	Dato del último periodo	Variaciones sobre igual periodo año anterior	
		Absolutas	En porcentaje
MERCADO LABORAL			
ENCUESTA DE POBLACIÓN ACTIVA (Miles) (1)	II-Trimestre-2024		
Activos	**24.440,0**	**373,3**	**1,6**
Ocupados	**21.684,7**	**426,3**	**2,0**
Hombres	11.595,6	172,0	1,5
Mujeres	10.089,1	254,3	2,6
Agrario	772,0	-4,4	-0,6
Industria	2.889,2	148,2	5,4
Construcción	1.478,7	74,6	5,3
Servicios	16.544,8	207,9	1,3
Asalariados	**18.441,0**	**442,2**	**2,5**
Contrato indefinido	15.498,8	649,3	4,4
A tiempo completo	13.624,9	524,7	4,0
A tiempo parcial	1.873,9	124,6	7,1
Contrato temporal	2.942,2	-207,1	-6,6
A tiempo completo	2.159,8	-164,0	-7,1
A tiempo parcial	782,5	-43,0	-5,2
Tasa de temporalidad (en porcentaje)	16,0	-1,5	-8,8
Parados	**2.755,3**	**-52,9**	**-1,9**
Hombres	1.299,5	-7,5	-0,6
Mujeres	1.455,8	-45,4	-3,0
Agrario	121,4	-12,4	-9,3
Industria	139,3	-8,4	-5,7
Construcción	115,8	-0,2	-0,2
Servicios	1.056,3	-0,2	0,0
No clasificables	1.322,4	-31,6	-2,3
Tasa de actividad (en porcentaje)	**58,9**	**0,0**	
Hombres	63,9	-0,2	
Mujeres	54,2	0,2	
Tasa de actividad de 16 a 64 años (en porcentaje)	**76,0**	**0,2**	
Hombres	79,9	-0,1	
Mujeres	72,1	0,5	
Tasa de empleo (en porcentaje)	**52,3**	**0,3**	
Hombres	57,5	0,0	
Mujeres	47,3	0,5	
Tasa de empleo de 16 a 64 años (en porcentaje)	**67,4**	**0,5**	
Hombres	71,8	0,0	
Mujeres	63,0	0,9	
Tasa de paro (en porcentaje)	**11,3**	**-0,4**	
Hombres	10,1	-0,2	
Mujeres	12,6	-0,6	

En los últimos años los datos de paro han experimentado una disminución, pasando de 3.416,7 en el tercer trimestre de 2021 a 2.755,3 en el segundo trimestre de 2024, estando todavía lejos los datos de pleno empleo que se pretenden conseguir. Siendo el paro por sectores mayor notablemente en el sector servicios (1.056,3), estando este sector ligado en España mayoritariamente al trabajo femenino (como se analizará más adelante).

La **tasa de actividad** mide el número de personas que se incorporan al mercado laboral, y agrupa tanto a las **personas ocupadas,** como a las que se encuentran en **situación de desempleo.** Según datos de la Encuesta de Población Activa de 2024, la tasa de actividad de las mujeres se puede decir que está estable desde 2021 (54,3 en 2021 frente a 54,2 en 2024). En cuanto a la tasa de los hombres se observa una leve disminución de 40 décimas desde 2021, sin embargo, esta sigue siendo mayor que la de las mujeres (63,9 frente a 54,2).

En la gráfica que se muestra a continuación se puede observar cómo las tasas de actividad de hombres y mujeres están en alza desde el año 2018, aunque en el primer trimestre de cada año se produce una leve bajada en ambos sexos. En el segundo trimestre de 2020 se detecta una bajada brusca de las ocupaciones, motivada por el estado de alarma a consecuencia de la pandemia de COVID-19 en España. En el primer trimestre de 2024 se produce una leve disminución que se ha ido recuperando en el trimestre siguiente.

Ocupados por sexo y rama de actividad.
Valores absolutos y porcentajes respecto del total de cada sexo.
Encuesta de Población Activa, Sexo, Total, Valor absoluto

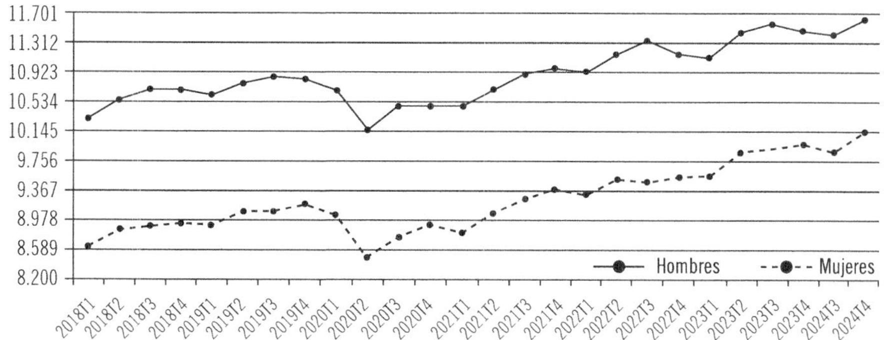

En la serie anterior se muestran los datos desde 2018 hasta 2024, pudiéndose apreciar cómo prácticamente los datos de ocupación se mantienen paralelos en el tiempo, siendo mayores en hombres que en mujeres.

En la tabla se muestra la evolución de la tasa de empleo por sexo y nivel de estudios estableciendo una comparativa entre la Unión Europea y España; en esta tabla se puede observar cuál ha sido la evolución en la misma desde el año 2013, la primera referencia a destacar es que la tasa de empleo en las mujeres en España se sitúa en la actualidad alrededor de 5 puntos por debajo de la tasa de empleo de la mujeres europeas, y a su vez más de 10 puntos por debajo de la de los hombres españoles y 15 puntos por debajo de la de los hombres europeos.

Empleo. Tasas de empleo según niveles de educación. Brecha de género

Tasa de empleo según niveles de educación y periodo. España, UE-27 y UE-28 (de 20 a 64 años)

Unidades: %	**2023**	**2022**	**2021**	**2020**	**2019**	**2018**	**2017**	**2016**	**2015**	**2014**	**2013**
España											
Hombres											
Total	**75,7**	**74,9**	**72,9**	**71,4**	**74,0**	**73,1**	**71,5**	**69,6**	**67,6**	**65,0**	**63,4**
Preescolar, primaria y secundaria 1ª etapa (nivel 0-2)	69,4	68,5	66,2	64,7	67,1	66,0	63,7	61,6	59,0	55,6	54,1
Secundaria 2ª etapa (nivel 3-4)	71,5	71,3	69,1	67,6	71,4	70,3	69,4	68,1	66,4	64,2	63,0
Educación superior (nivel 5-8)	85,1	84,3	82,7	81,8	83,9	84,0	83,3	81,6	80,5	79,0	77,7
Mujeres											
Total	**65,4**	**63,7**	**62,1**	**60,0**	**62,1**	**61,0**	**59,6**	**58,1**	**56,4**	**54,8**	**53,8**
Preescolar, primaria y secundaria 1ª etapa (nivel 0-2)	49,6	47,4	45,6	44,3	46,8	45,6	44,3	42,8	41,2	40,0	39,4
Secundaria 2ª etapa (nivel 3-4)	60,6	58,7	57,6	55,7	58,8	58,5	57,4	56,4	55,1	53,9	53,7
Educación superior (nivel 5-8)	79,3	78,6	77,1	75,2	77,3	76,7	76,1	74,8	73,4	72,1	71,0

Continúa en página siguiente >>

<< Viene de página anterior

UE27_2020											
Hombres											
Total	80,4	80,0	78,5	78,0	79,0	78,2	77,2	75,9	74,9	74,0	73,4
Preescolar, primaria y secundaria 1ª etapa (nivel 0-2)	68,4	67,7	65,4	65,3	66,4	65,5	64,2	62,6	61,5	60,4	60,0
Secundaria 2ª etapa (nivel 3-4)	80,1	79,9	78,5	78,1	79,2	78,6	77,7	76,6	75,5	74,9	74,4
Educación superior (nivel 5-8)	89,1	88,9	87,9	87,2	88,3	88,0	87,5	86,7	86,0	85,2	85,0
Mujeres											
Total	70,2	69,2	67,6	66,5	67,3	66,5	65,4	64,3	63,2	62,4	61,6
Preescolar, primaria y secundaria 1ª etapa (nivel 0-2)	46,8	45,6	43,5	43,4	44,4	43,9	43,2	42,2	41,8	41,6	41,4
Secundaria 2ª etapa (nivel 3-4)	68,6	67,9	66,5	65,7	67,1	66,7	65,9	65,0	64,0	63,4	62,6
Educación superior (nivel 5-8)	84,0	83,6	82,5	81,0	81,9	81,2	80,6	79,9	79,0	78,3	78,0

Notas:
Fuente: Encuesta Europea de Fuerza del Trabajo (LFS). Eurostat.
Fuente: Instituto Nacional de Estadística

Destacar también como la tasa de empleo de las mujeres con estudios primarios en España mantiene un ascenso desde 2013, situándose 10 puntos por encima hasta 2023. De igual forma, la tasa de empleo de las mujeres con estudios secundarios también asciende, pero en menor medida, al igual que las mujeres con estudios superiores (casi 7 puntos más desde 2013).

Manteniéndose ambas bastante alejadas de la tasa de empleabilidad de las mujeres europeas con la misma formación, más de 8 puntos en el caso de los estudios secundarios y más de 4 puntos en el caso de los estudios superiores. También se observa como la tasa de empleo en el año 2020 respecto del año anterior, ha sufrido una bajada ocasionada por la situación provocada por la pandemia de Covid-19.

Para continuar con el análisis de las situaciones laborales de las mujeres en España será necesario, además de atender a los criterios anteriores, definir las condiciones laborales, entre las que se encuentra la parcialidad, la temporalidad y segregación ocupacional, que tanto afectan al empleo femenino en nuestro país.

En España las estadísticas de empleo del año 2023 siguen arrojando las numerosas desigualdades existentes en el mercado laboral.

Por un lado, aun con la recuperación económica en marcha, los datos estadísticos del Servicio Público de Empleo Estatal siguen mostrando que el número de contratos indefinidos continúa siendo mayor en el caso de los hombres, un 52,50 % sobre el total, mientras que las mujeres están en el 47,50 %, del número total de contratos indefinidos para el año 2023 (junio), por lo que los contratos realizados a mujeres continúan teniendo mayores índices de **temporalidad.**

Las contrataciones por sectores muestran como en todos ellos el volumen de contratos para los hombres es mayor que en el caso de las mujeres, siendo llamativo en el caso de las contrataciones iniciales o primeros contratos, donde la mayoría de contrataciones a hombres es mayor. En sectores como por ejemplo el de la construcción las cifras de contrataciones iniciales a mujeres son meramente representativas.

Los datos correspondientes a la Encuesta de Población Activa del segundo trimestre de 2024 muestran cómo el número de mujeres activas ha aumentado en 118.700 y el de los hombres, en 93.400. A pesar de ello, las mujeres siguen siendo las que continúan teniendo, en proporción, mayores índices de desocupación, siendo la tasa de actividad de los hombres del 63,90 % y de paro del 10,08 %, en cambio para las mujeres la tasa de población activa es de 54,16 % y la tasa de paro de 12,61 %.

Los datos estadísticos nos muestran también que mayoritariamente el empleo a **tiempo parcial** se corresponde con las mujeres, en concreto los datos para el segundo trimestre de 2024 muestran sobre el total de ocupados por tipo de contrato o relación laboral de los asalariados y sexo de 18.742,1, que las jornadas a tiempo completo son mayoritariamente ocupadas por hombres siendo de 10.803,9 frente a los 7.938,2 de las mujeres. Los datos para las jornadas a tiempo parcial son bajo un total de 2.942,6 de 2.150,9 ocupadas por mujeres y solo 791,7 por hombres.

La **segregación ocupacional** hace referencia a la división del trabajo por sectores laborales aunque en líneas generales en España no existe una mayoría de mujeres que ocupe algún sector, sí que existen diferencias importantes entre ellos, siendo el sector servicios, el único que presenta una mayor proporción de mujeres empleadas que hombres, aunque no representa una mayoría aplastante.

Ocupados por sector económico, sexo y situación profesional
Unidades: Miles Personas

	Total	Agricultura	Industria	Construcción	Servicios
	2024T2	2024T2	2024T2	2024T2	2024T2
Ambos sexos					
Total	21.684,7	772,0	2.889,2	1.478,7	16.544,8
Hombres					
Total	11.595,6	559,5	2.075,1	1.349,3	7.611,6
Mujeres					
Total	10.089,1	212,4	814,1	129,4	8.933,1

Fuente: Instituto Nacional de Estadística

A continuación, se muestra de forma gráfica la proporción de mujeres y hombres sobre el total trabajando en cada uno de los sectores de actividad.

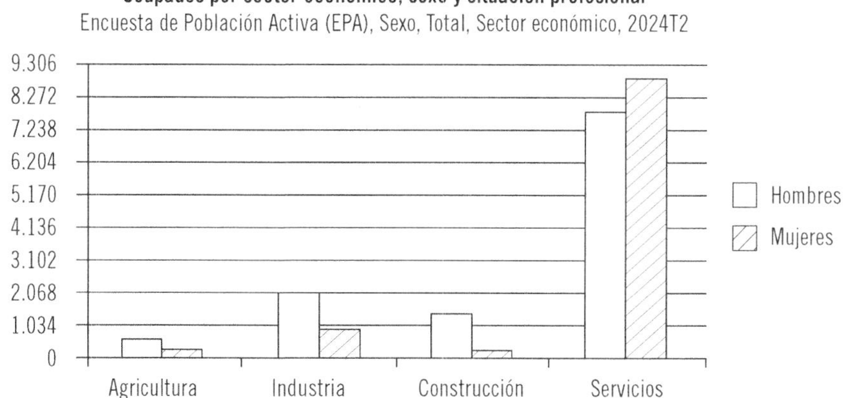

De la gráfica anterior se desprende que es el sector servicios el que mayor número de mujeres aglutina, siendo el de la construcción el que menos. Algo importante a tener en cuenta será la marcada estacionalidad en el empleo del sector servicios, debido al comercio y la hostelería, por lo que esta estacionalidad va a afectar en mayor medida a las mujeres, ya que mayoritariamente, como se ha visto, el trabajo femenino se produce en este sector. Dicha estacionalidad produce una caída de los empleos en el primer y segundo trimestre del año, elevándose el tercero y el cuarto, lo que viene a generar también una importante inestabilidad en los ingresos.

Nota

Son destacables los datos que muestra el INE en el segundo trimestre de 2024 sobre los asalariados del sector público con contrato o relación laboral temporal donde sobre un total de 1.030,4, el total de hombres es de 338,1 y el de mujeres 692,3 (datos expresados en miles).

Continuando con el análisis de las situaciones laborales en España será necesario destacar también el concepto de tasa de paro, que va a ser aquella que recoge a las personas que se encuentran en situación de población activa pero desempleadas. Los datos de la EPA 2024 destacan que la tasa de paro ha bajado en todos los sectores económicos, alcanzando un total de 2.755.300 parados. La tasa de paro se sitúa en el 11,27 % en los datos del segundo trimestre de 2024, lo que supone que en los 12 últimos meses esta tasa ha bajado 1,88 puntos. Si analizamos los datos por sexo obtenemos que el número de hombres en paro disminuye en 109.200 este trimestre, situándose en 1.299.500. Entre las mujeres el desempleo se reduce en 113.400, hasta 1.455.800. No obstante, a pesar de que los datos muestran un aumento en el número de personas que han encontrado empleo, los datos siguen mostrando que la tasa de paro femenino continua siendo mayor que la masculina (12,61 % de mujeres frente a 10,08 % de hombres), hecho que se mantiene estable en el tiempo, y se agudiza en los periodos de crisis económica, siendo las mujeres las primeras en perder sus empleos cuando el país se encuentra en situación de recesión, y tardando más en recuperar la tasa de empleo femenino en las épocas de bonanza económica.

Actividades

11. Identifique los datos de paro para hombres y mujeres alcanzados en España en el período comprendido entre el año en curso y los cinco anteriores. ¿Qué conclusiones se pueden extraer?

En la siguiente gráfica se muestra la evolución de la brecha de género existente en cuanto a la tasa de paro de hombres y mujeres en España entre los años 2013 y 2023. En la gráfica se observa cómo pasa de ser prácticamente igual a 0 en 2013 y va aumentando a lo largo de los años.

Tasa de paro según grupos de edad y período. Brecha de género.
Mujeres y Hombres en España, Sexo/Brecha de género, 16 y más años

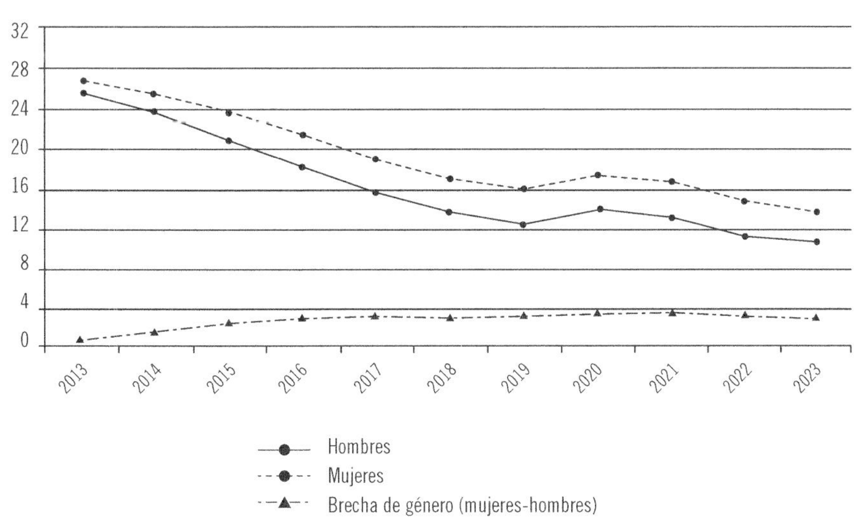

Con respecto a estos datos es importante hacer mención a los duros años de crisis económica sufridos en España, donde los niveles de desempleo alcanzaron cotas de más de 6 millones de españoles/as en situación de desempleo, por lo que la tasa de paro se equiparó entre hombres y mujeres, lamentablemente no por la mejora en las condiciones de acceso y mantenimiento del trabajo femenino, sino por todo lo contrario, el empeoramiento en las condiciones de acceso y mantenimiento del empleo para los hombres.

Una vez se han visto, de forma general, algunos de los datos y las variables que influyen en la situación de desigualdad de género del mercado laboral español, se pasará a ver, en mayor profundidad, la estructura de dicho mercado así como las conclusiones con perspectiva de género que de dichos datos se desprenden.

2.3. Estructura del mercado laboral y su incidencia en la igualdad efectiva de mujeres y hombres

El mercado laboral español se ha vuelto a ver afectado por una crisis mundial ocasionada por la pandemia de COVID-19. Para hacerle frente, el Gobierno aprobó, en coordinación con las recomendaciones europeas, un conjunto de inversiones y reformas a través del Plan de Recuperación, Transformación y Resiliencia. Uno de los objetivos de este plan es impulsar el crecimiento y la creación de empleo que se vio afectado por la crisis y que se sustenta en cuatro pilares: eje verde, eje digital, cohesión social y territorial, e igualdad de género.

El análisis del actual mercado de trabajo en España pasa obligatoriamente por establecer el mapa del paro en nuestro país; según la tabla que se muestra abajo, con datos del segundo trimestre de 2024 ofrecidos por el INE, las regiones del sur del país son las que siguen mostrando unos índices más elevados de paro, con respecto a las zonas del norte del país. Esta situación se repite a lo largo del tiempo; para dar respuesta habrá que considerar los niveles educativos, así como el empleo por sectores.

Por sectores, en España según datos de la EPA 2024 (segundo trimestre) el sector que aglutina mayores índices de ocupación es el sector servicios. El sector servicios en España se encuentra marcado por una fuerte estacionalidad, que ocasiona mucha inestabilidad laboral; en este sector es donde se concentra además las mayores tasas de empleo femenino.

El sector industrial es el sector con mayores costes laborales, ya que aunque los sueldos y salarios de los trabajadores han bajado unas décimas con respecto a años anteriores, este sector concentra el mayor número de subvenciones y ayudas de las Administraciones Públicas para fomentar el empleo y la formación profesional.

Según datos del INE (Instituto Nacional de Estadística), en la última Encuesta Anual de Estructura Salarial (2022) se refleja que la ganancia media por trabajador/a aumenta con la edad. Así como el salario medio es mayor en hombres que en mujeres, las mujeres de media cobran 24.359,82 € y los hombres 29.381,84 €.

Aunque el mercado laboral español ha sufrido en los últimos años una profunda transformación, en España se siguen teniendo empleos muy precarios y unas tasas muy altas de rotación laboral, lo que provoca la inestabilidad, tanto en el propio mercado laboral, como en las vidas de los propios trabajadores.

Según el análisis presentado en un estudio de la Fundación de Estudios De Economía Aplicada, *Effects in Daily Aggregate Employment Creation and Destruction in Spain (2018),* la creación y destrucción del empleo en el mercado laboral español estaba altamente influenciada por el calendario, por lo que no solo se creaba y destruía empleo a final de mes, sino que también a final de semana; a modo de ejemplo se podría decir que se contrata a una persona un lunes para despedirla el viernes.

La economía española se está viendo afectada por los conflictos bélicos existentes a nivel internacional, lo que tiene su repercusión en el PIB y en el mercado laboral. Los datos elaborados por el Ministerio de Trabajo y Economía Social en sus informes trimestrales (marzo 2024) ponen de manifiesto que, a pesar de estar recuperados de la crisis del COVID-19, existe todavía cierto grado de inestabilidad económica y laboral. En la siguiente gráfica se muestra la evolución del Producto Interior Bruto (PIB), el empleo y la productividad en los últimos años.

Economía y empleo en España

Fuente: Informe trimestral de análisis del mercado de trabajo (Ministerio de Trabajo y Economía Social) 2024

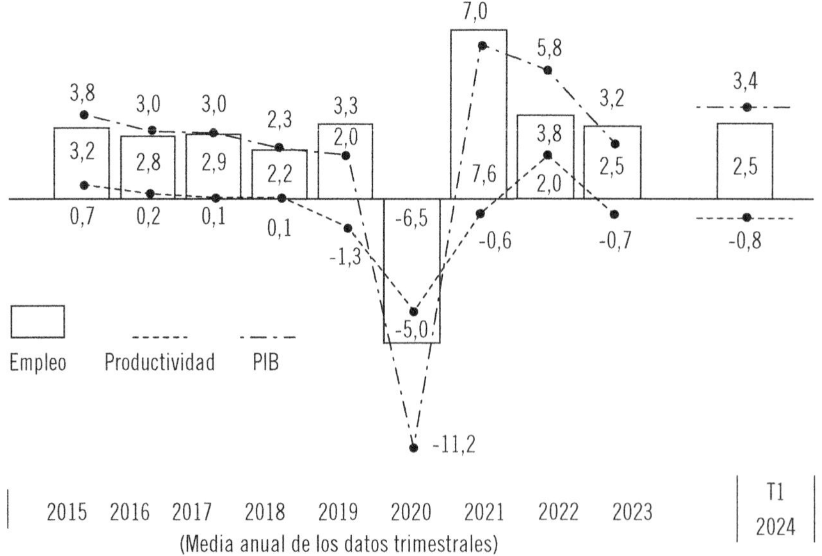

Los datos de la EPA del primer trimestre de 2024 muestran los siguientes avances en la economía y el mercado laboral en España:

- En términos desestacionalizados, la evolución del empleo no ha sido favorable: el empleo aumenta un 0,37 % y el paro lo hace en mayor proporción, un 1,15 %.
- En cifras anuales, la creación de empleo se estanca.
- La tasa de paro en las mujeres disminuyó en 1,12 puntos, mientras que en los hombres lo hizo en 0,93 puntos.
- Por territorios, Andalucía es la que ha tenido un mayor aumento del empleo y una mayor bajada de paro. Lo contrario a Cantabria, que ha experimentado el mayor descenso en empleo y el mayor incremento en paro.
- La tasa de actividad llegó hasta el 58,90 %, siendo la de las personas españolas de 57,26 % y, la de las personas extranjeras, del 69,43 %.
- Anualmente, se vuelve a la tendencia del descenso del número de hogares que tienen a todos sus miembros activos en paro (109.600) y aumentó el de los que tienen a todos sus miembros ocupados (220.800).

Actividades

12. Realice un mapa conceptual sobre los rasgos principales del sistema laboral español en el año en curso.
13. ¿Cuáles son las medidas que debería tomar el Estado español, en su opinión, para contrarrestar esta situación?

Hasta el momento se han analizado de forma muy general los rasgos principales del mercado laboral en España, y se han dado algunas pinceladas sobre la situación de las mujeres; a partir de ahora se hará un análisis más exhaustivo del mercado laboral actual en España desde la perspectiva de género, para comprobar cómo han afectado los cambios producidos en el mercado laboral a la situación de las mujeres.

Para empezar con este análisis se comenzará por la evolución de la tasa de actividad femenina desde 1985 hasta 2023. Recordemos que la tasa de actividad hace referencia a la cantidad de personas que se han integrado al mercado de trabajo; la población activa de un país está compuesta por todos los habitantes en edad laboral que o bien trabaja en un empleo remunerado o bien se halla en plena búsqueda de empleo. En este caso para las mujeres la evolución ha sido la que se muestra a continuación.

Comunidad Autónoma	1985	1990	1995	2000	2005	2010	2012	2015	2018	2020	2023
Total	28,5	34,2	37,5	41,2	46,5	52,2	53,3	53,79	53,29	53,0	54,04
Andalucía	21,2	30,3	34,8	38,6	41,6	50,1	51,6	52,04	50,45	49,8	51,96
Aragón	25,3	31,1	35,8	37,6	45,8	50,2	51,6	52,48	53,12	53,7	53,97
Principado de Asturias	29,9	35,1	32,3	34,4	37,3	44,9	44,8	48,18	46,99	47,5	47,02
Illes Balears	31,8	38,8	43,0	48,2	55,5	61,5	58,8	59,56	61,54	55,3	59,12
Canarias	30,9	36,2	39,3	43,8	48,4	53,9	57,7	55,47	54,92	55,9	54,95
Cantabria	28,4	34,9	33,7	34,8	43,4	48,3	50,9	50,12	49,91	49,3	50,50
Castilla y León	26,0	31,1	32,7	36,2	40,8	47,3	47,6	49,00	48,88	49,5	48,86
Castilla-La Mancha	21,0	26,2	29,7	33,8	39,9	46,7	50,6	51,72	51,45	50,9	52,02
Cataluña	32,1	38,0	42,0	46,3	51,3	55,6	56,8	56,80	56,32	56,7	56,87
Comunitat Valenciana	29,8	35,9	39,4	41,8	47,3	52,4	52,6	53,56	52,77	51,2	54,13
Extremadura	21,1	28,1	31,7	38,0	39,6	45,2	45,7	47,60	48,22	49,6	49,87
Galicia	41,8	40,1	40,6	41,4	44,3	47,8	49,8	48,86	50,05	48,6	49,18
Comunidad de Madrid	29,6	34,9	38,5	44,6	53,4	58,2	58,6	59,91	57,85	59,1	59,22
Región de Murcia	27,7	36,0	38,8	39,8	44,9	52,7	53,8	51,60	52,06	51,8	53,10
Comunidad Foral de Navarra	29,9	32,3	36,4	41,2	48,6	54,1	56,6	54,38	55,22	52,1	54,23
País Vasco	29,2	34,3	39,6	42,1	47,0	50,5	51,3	51,64	52,25	51,4	52,34
La Rioja	26,5	29,8	33,8	37,9	48,7	51,2	52,7	52,67	55,11	54,7	53,68
Ceuta **	0,0	28,4	34,3	40,1	42,0	41,0	48,0	44,41	54,54	49,6	57,43
Melilla **					38,8	38,6	40,6	44,20	56,36	52,7	49,74

*** Los datos de 1990 a 2000 solo se pueden obtener para Ceuta y Melilla conjuntamente. Para los años entre 1980 y 1985 no hay datos.*

Como muestran los datos de la tabla, las tasas de activad femenina por comunidades autónomas se situaba en valores en torno a los 20 y 30 puntos en 1985 en la mayoría de ellas (salvo en el caso de la comunidad autónoma gallega que roza los 42 puntos) y desde entonces ha ido en aumento de forma considerable, hasta situarse en valores entre los 40 y 50 puntos, en algunos casos pasando los 60 (Illes Balears). No obstante, estos datos se encuentran lejos de las tasas de actividad masculinas que en casi todas las comunidades autónomas se encuentran por encima de los 60 puntos en la actualidad, siendo las Illes Balears donde mayor tasa de actividad se encuentra en 2023.

Por lo que se puede concluir que la tasa de actividad femenina en el mercado laboral español se ha duplicado en los últimos 40 años, no obstante aún está bastante por debajo de las tasas de actividad de los hombres en todas las comunidades autónomas.

Aplicación práctica

En base a los datos que aparecen en la tabla anterior responda a las siguientes preguntas:

1. **¿Cuál de las comunidades autónomas tiene una mayor tasa de actividad femenina?**
2. **¿En cuál de las comunidades autónomas ha aumentado más la tasa de actividad femenina desde 1985?**

Justifique sus respuestas.

SOLUCIÓN

1. La comunidad autónoma con una tasa más alta de actividad femenina es la de las Illes Balears, ya que presenta un porcentaje de actividad de 61,54 %.
2. La mayor evolución en las tasas de actividad es para la comunidad autónoma de Castilla - La Mancha que, a pesar de no contar con el porcentaje más elevado en las tasas de actividad, un 52,02 %, partía en 1985 con la tasa de 21,0 %, por lo que el crecimiento de la tasa de actividad ha sido del 31,02 %.

De la tabla anterior se desprende también que, si bien es cierto que la tasa de actividad femenina ha aumentado desde 1985, también lo es que la inactividad laboral en España tiene cara de mujer. Las razones de dicha inactividad continúan siendo de carácter familiar. En concreto, las mujeres inactivas lo son mayoritariamente porque se dedican al trabajo doméstico o de cuidados en el hogar de personas dependientes (niños/as, personas con discapacidad y personas mayores).

De forma general, la tasa de actividad femenina en el mercado laboral español toma las dimensiones que se muestran en la siguiente gráfica.

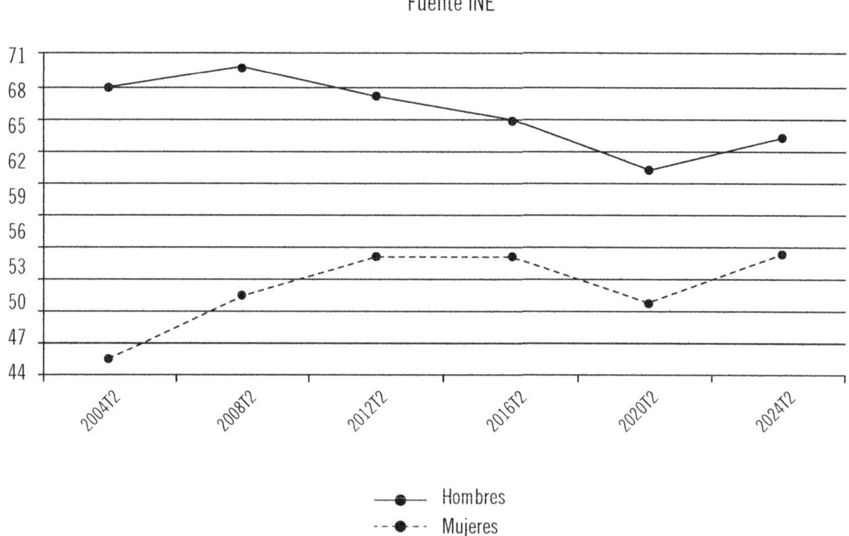

Importante

Es importante destacar que la decisión de incorporarse al mercado de trabajo no se encuentra tan condicionada por el contexto macroeconómico como por el contexto microeconómico y las circunstancias y condicionamientos del entorno social del individuo.

Diversos estudios como, por ejemplo, el de Torns y otros (2012), muestran cómo las trayectorias profesionales de las mujeres de clase trabajadora españolas se encuentran caracterizadas por un *continuum* entre informalidad y formalidad laboral, debido a una elevada presencia femenina en la economía sumergida que, aunque durante los años en los que el empleo aumentó de forma considerable tendió a reducirse, no llegó a desaparecer.

Llegados a este punto será necesario recordar cómo la tasa de paro femenina en España es más elevada que la tasa de paro masculina. Si bien en la gráfica se observa cómo entre los años 2009 y 2013 ambas tasas de paro prácticamente se igualan, es de mencionar que no se debe a ningún cambio estructural en el mercado de trabajo, pues esa etapa se corresponde con los años más duros de crisis económica, por lo que la tasa de paro masculina aumentó en picado, igualando ambos niveles.

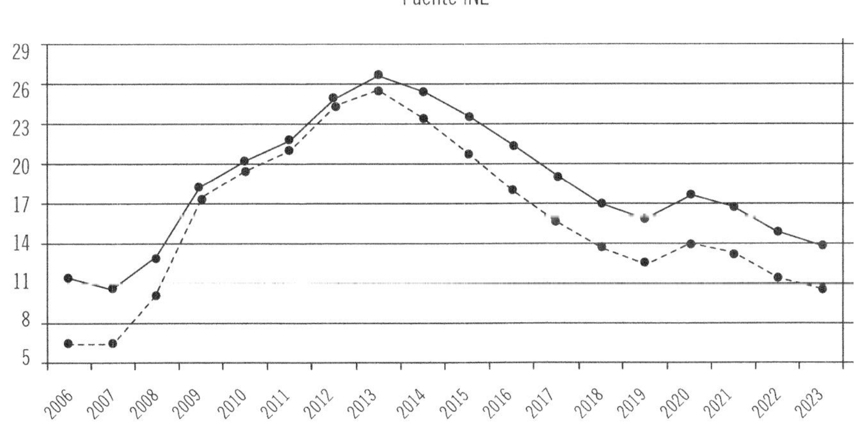

Estas circunstancias se pueden observar también en la tasa de empleo, donde se puede observar la bajada de la tasa de empleo en los hombres en la crisis económica atravesada a nivel mundial entre 2009 y 2013. Y en hombres y mujeres en el periodo difícil de la pandemia de COVID-19.

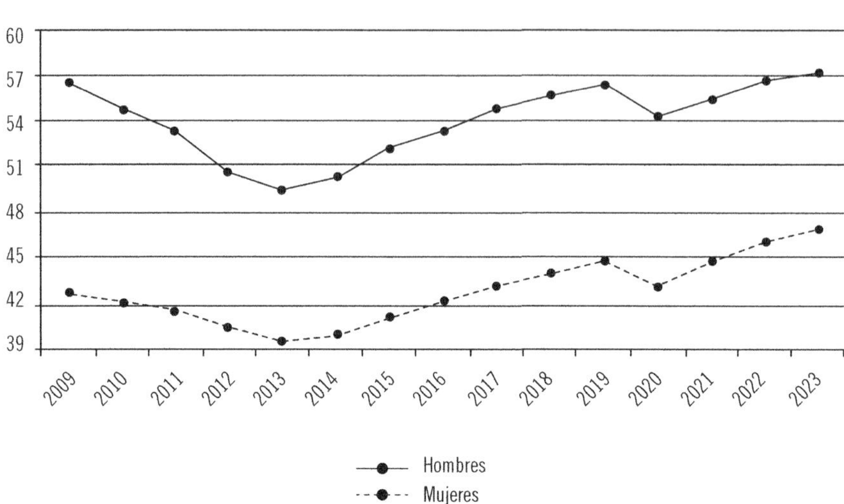

En primer lugar, llamar la atención sobre la gráfica en cuanto a la diferencia de más de 10 puntos porcentuales en las tasas de empleo entre hombres y mujeres a lo largo del tiempo, haciendo que ambas líneas se sitúen prácticamente en paralelo. Por otro lado resaltar que la tasa de empleo femenina sufrió menos las consecuencias de la crisis financiera, debido en parte a la distribución sectorial del trabajo, pues la citada crisis afectó en mayor proporción al sector de la construcción y campos relacionados, ámbitos ocupados mayoritariamente por hombres, por lo que inicialmente fueron ellos los que sufrieron mayores consecuencias de la citada destrucción de empleos debidos a la crisis. En el periodo de la pandemia de COVID-19 (año 2020) se puede apreciar cómo la bajada en la tasa de empleo es igual en ambos sexos, van de forma paralela.

Aunque los datos de empleo femeninos no son los mejores, como ya se vio anteriormente, los datos sí han sufrido un gran aumento desde que se tienen estadísticas (estadísticas oficiales de INE desde 1976). Prácticamente se han duplicado los datos de actividad femenina desde esos años, y en parte este aumento se debe a la mejora en los niveles educativos de las mujeres.

Distribución de las personas ocupadas según sexo y nivel de estudios alcanzados, INE 2024T2	
Hombres	
Total	11.595,6
Analfabetos	33,9
Estudios primarios incompletos	110,1
Educación primaria	482,2
Primera etapa de Educación Secundaria y similar	3.369,3
Segunda etapa de educación secundaria, con orientación general	1.543,3
Segunda etapa de educación secundaria con orientación profesional (incluye educación postsecundaria no superior)	1.254,3
Educación Superior	4.802,4
Mujeres	
Total	10.089,1
Analfabetos	13,3
Estudios primarios incompletos	52,6
Educación primaria	278,2
Primera etapa de Educación Secundaria y similar	2.101,3
Segunda etapa de educación secundaria, con orientación general	1.349,0
Segunda etapa de educación secundaria con orientación profesional (incluye educación postsecundaria no superior)	1.032,5
Educación Superior	5.262,2

Fuente: INE (Datos expresados en miles de personas)*

En base a los datos anteriores se puede destacar que el número de mujeres ocupadas en España con estudios superiores es mayor que el número de hombres con el mismo nivel de estudios. Es importante que aunque este dato es positivo, no se puede perder de vista que la mayoría de las mujeres en España trabaja en el sector servicios y que son las que mayores tasas de estacionalidad presentan en sus trabajos, así como de parcialidad en las jornadas laborales, lo que provoca que presenten unas altas tasas de precariedad laboral. No obstante, podemos destacar este dato como positivo, sobre todo destacando que las mujeres en España han aumentado de forma vertiginosa los niveles de estudios alcanzados en los últimos 50 años.

Por otro lado es necesario hacer mención a que la tasa de mujeres que finalizan los estudios superiores en España es mayor que la de los hombres, como se muestra en las siguientes gráficas, así como la distribución de los estudios.

Porcentaje de hombres y mujeres graduados en estudios universitarios. España.
Fuente: Sistema Integrado de Información Universitaria

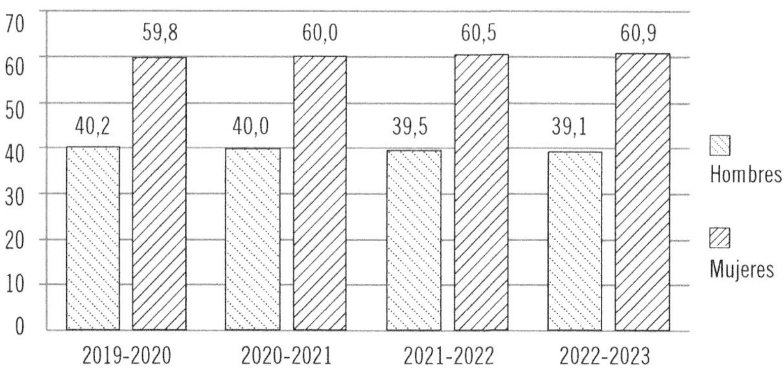

Mujeres graduadas en estudios de Grado. Curso 2022-2023
Fuente: Sistema Integrado de Información Universitaria

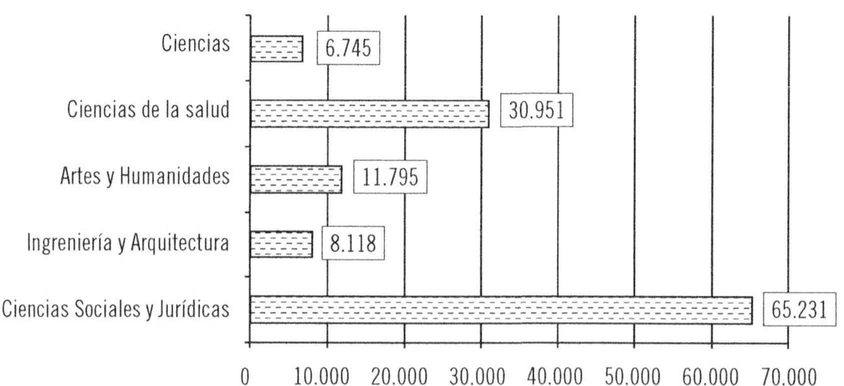

Será importante atender en este sentido también a la conciliación laboral, o la falta de ella, y su incidencia en el mercado laboral español.

Tasa de empleo sin hijos/con hijos menores de 12 años.
Fuente: INE 2023

	Hombres	**Mujeres**
Sin hijos	85,8	77,9
Con hijos	90,3	71,5
1	91,1	74,3
2	90,5	70,4
3 o más	83,3	52,2

En la tabla anterior se muestra que la tasa de empleo de las mujeres cae cuando las familias tienen hijos, mientras que la tasa de empleo de los hombres aumenta. La caída más importante se produce cuando las mujeres tienen 3 o más hijos, con lo que cae casi 26 puntos. Estas estadísticas pueden dar indicios de las dificultades para la conciliación laboral y familiar, de las familias con hijos, que hace que las mujeres sean en mayor medida las que tengan que abandonar sus empleos para dedicarse a los cuidados de los menores.

Aplicación práctica

Atendiendo a la tabla mostrada anteriormente responda:

1. **¿Cuántos puntos hay de diferencia en la tasa de empleo de las mujeres con hijos y sin hijos?**
2. **¿Qué diferencia existe en los porcentajes de las tasas de empleo con hombres de 3 o más hijos y de mujeres con el mismo número de hijos?**

Continúa en página siguiente >>

<< Viene de página anterior

SOLUCIÓN

1. Entre las mujeres con hijos y sin hijos la diferencia en la tasa de empleo es de 6,4 puntos porcentuales.
2. Entre los hombres con más de tres hijos y las mujeres con más de tres hijos la diferencia es de 31,1 puntos porcentuales.

Con el objeto de tomar medidas cuantitativas que puedan establecer diferencias exactas y medibles entre hombres y mujeres en el mercado laboral se han creado los denominados **indicadores de género;** dichos indicadores se establecen en base a fórmulas matemáticas que dan resultados exactos sobre diferentes variables establecidas a medir.

Uno de los sistemas de indicadores más importantes es el *Gender Equality Index,* que establece un sistema de indicadores para medir las desigualdades de género en el continente europeo. Dicho índice fue elaborado por el Instituto Sueco de Estadística en el año 2001. En la actualidad contiene un total de 32 indicadores, que miden 7 dimensiones diferentes:

Dimensión	Variables	Indicador
Trabajo	Participación	Tasa de empleo a tiempo completo (%, población de 15 a 89 años)
		Años de vida laboral (años, 15+ población)
	Segregación y calidad del trabajo	Empleos en educación, salud y trabajos sociales (%, 15-89 ocupados)
		Capacidad para tomarse una o dos horas de descanso durante las horas de trabajo para atender asuntos personales o familiares (%, 15+ trabajadores)
		Índice de perspectivas profesionales (puntos, 0-100, +15 población)

Continúa en página siguiente >>

<< Viene de página anterior

Dimensión	Variables	Indicador
Economía	Recursos financieros	Ingresos mensuales medios (PPS, +16 población activa)
		Ingreso neto medio equivalente (PPA, población de 16 años o más)
	Situación económica	En riesgo de pobreza (%, población de 16 años o más)
		Distribución del ingreso S20/S80 (población de 16 años o más)
Conocimiento	Logros y participación	Graduados de educación superior (%, población de 15 a 89 años)
		Personas que participan en educación y formación formal o no formal (población de 15 a 74 años)
	Segregación	Estudiantes de educación superior en educación, salud y bienestar, humanidades y arte (%, población de 15 años o más)
Tiempo	Actividades de cuidado	Personas que cuidan y educan a sus hijos o nietos, personas mayores o personas con discapacidad, todos los días (%, población 18-74)
		Personas que cocinan y/o realizan tareas domésticas todos los días (%, población de 18 a 74 años)
	Actividades sociales	Trabajadores que realizan actividades deportivas, culturales o de ocio fuera de su hogar, al menos diariamente o varias veces a la semana. (%, 16-74 trabajadores)
		Trabajadores que realizan actividades voluntarias o benéficas, al menos una vez al mes (%, 16-74 trabajadores)
Poder	Político	Porcentaje de ministros (%)
		Porcentaje de miembros del parlamento (%)
		Porcentaje de miembros en asambleas regionales/municipios locales (%)
	Económico	Porcentaje de miembros de consejos de administración, consejos de supervisión o consejos de administración de las mayores empresas que cotizan en bolsa (%)
		Porcentaje de miembros de la junta directiva del banco central (%)
	Social	Porcentaje de miembros de las juntas directivas de organizaciones que financian la investigación (%)
		Porcentaje de miembros de las juntas directivas de organismos de radiodifusión de propiedad publica (%)
		Porcentaje de miembros del máximo órgano de toma de decisiones de las organizaciones deportivas olímpicas nacionales (%)
Salud	Estado	Salud autopercibida buena o muy buena (%, población de 16 años +)
		Esperanza de vida al nacer (años)
		Años de vida saludable al nacer (años)

Continúa en página siguiente >>

<< Viene de página anterior

Dimensión	Variables	Indicador
Salud	Comportamiento	Personas que no fuman y no consumen alcohol de forma nociva (%, población de 15 años o más)
		Personas que realizan actividades físicas y/o consumen frutas y verduras (%, población de 15 años o más)
	Acceso	Población con necesidades insatisfechas de exámenes médicos (%, población de 16 años o más)
		Población con necesidades insatisfechas de examen dental (%, población de 16 años o más)
Violencia		- Falta de evidencia para evaluar la violencia contra las mujeres - Feminicidio - Convenio de Estambul. Situación actual - Encuesta EIGE/FRA sobre la violencia contra las mujeres

Fuente: Indicadores edición 2023. European Institute for Gender Equality

En base a esta serie de indicadores los resultados para 2023 determinaron el siguiente *ranking* de los países europeos en cuanto a igualdad.

Country	Score	Country	Score	Country	Score
SE (Suecia)	82,2	AT (Austria)	71,2	LV (Letonia)	61,5
NL (Países Bajos)	77,9	DE (Alemania)	70,8	HR (Croacia)	60,7
DK (Dinamarca)	77,8	SI (Eslovenia)	69,4	CY (Chipre)	60,7
ES (España)	76,4	IT (Italia)	68,2	EE (Estonia)	60,2
BE (Bélgica)	76	MT (Malta)	67,8	SK (Eslovaquia)	59,2
FR (Francia)	75,7	PT (Portugal)	67,4	EL (Grecia)	58
LU (Luxemburgo)	74,7	BG (Bulgaria)	65,1	CZ (República Checa)	57,9
FI (Finlandia)	74,4	LT (Lituania)	64,1	HU (Hungría)	57,3
IE (Irlanda)	73	PL (Polonia)	61,9	RO (Rumania)	56,1

** Puntuación máxima de 100*

Con respecto a los datos obtenidos en España el *Gender Equality Index* de la edición de 2023, destaca en primer lugar que la igualdad en relación a la Comunidad Europea se sitúa en 6,2 puntos por encima del conjunto de la UE, además destaca que sobre el índice anterior España ha logrado aumentar en 1,8 puntos sobre el *ranking* de igualdad realizado en 2020, lo que sitúa nuestro país en las posiciones de cabeza, en concreto el número 4.º.

Destacan las puntuaciones en las dimensiones del siguiente modo:

- España ocupa en el ámbito de poder el tercer puesto entre los Estados de la UE. A pesar de ello, su evolución se detiene, como se manifiesta en el aumento de solo 0,5 puntos respecto del índice de 2020. Destacan los subámbitos de toma de decisiones económicas y el de decisiones políticas; en el primero, España ocupa el segundo puesto de la UE y, en el segundo, el quinto.
- En el ámbito del trabajo, el índice revela las desigualdades de género existentes en el país, ya que lo sitúa en el puesto 17 de la UE. El mayor margen se encuentra en el subámbito de la participación, ya que ocupa el puesto 22 de la UE. Como aspecto positivo, resalta el puesto 9 de España en el subámbito de la segregación y la calidad del trabajo.
- La mayor mejora que ha tenido España en el índice ha sido en el ámbito del tiempo, concretamente en el subámbito de las actividades de cuidado, ya que escala nueve puestos para situarse en el quinto de la UE. Desde 2020, es en el subámbito de las actividades sociales donde España ha tenido una de las mayores subidas, situándose en el puesto 9.º de la UE.
- Como aspecto negativo, el índice destaca el estancamiento del progreso hacia la igualdad de género en España en el ámbito de la salud (-0,5 puntos desde 2020), lo que ha provocado su bajada hasta el puesto 6.º de la UE. La principal causa de esta falta de progreso es la disminución en el subámbito del estado de salud desde 2020.

Para el caso que ocupa este manual será importante analizar los datos que en cuanto al mercado de trabajo nos ofrece este índice. Destacándose en primer lugar que las brechas de género en la participación en el mercado laboral han disminuido, lo que contribuye a una mejora en la puntuación.

La tasa de empleo equivalente a tiempo completo (FTE) por rango de edad, según el índice es: 15/16-24 años, 15 % mujeres y 19 % hombres; 25 - 49 años, 66 % mujeres y 81 % hombres; 50 - 64 años, 51 % mujeres y 71 % hombres; más de 65 años, 2 % mujeres y 4 % hombres.

Cuando se toma en cuenta el número de horas trabajadas, la tasa de empleo equivalente a tiempo completo (FTE) de las mujeres es de alrededor del 41 %, en comparación con el 55 % de los hombres. Esta tasa ha aumentado tanto para mujeres como para hombres, respecto de los resultados del índice anterior.

Entre las parejas con hijos/as, la tasa de empleo FTE para las mujeres es del 67 %, en comparación con el 90 % para los hombres. La brecha de género es mayor que la de las parejas sin hijos (33 % mujeres, 39 % hombres).

Según el índice, la duración de la vida laboral se estima en 34 años para las mujeres y 37 años para los hombres.

La **segregación de género** en el mercado laboral es una realidad tanto para mujeres como para hombres. El 27 % de las mujeres trabajan en educación, salud y actividades de trabajo social (EHW), en comparación con el 8 % de los hombres.

En la **Estrategia Europea para la igualdad de Género 2020-2025** se definen los objetivos políticos y las acciones necesarias para conseguir avances en igualdad de género en Europa y lograr los objetivos de desarrollo sostenible (ODS). Con la aplicación de esta estrategia se pretende que las mujeres europeas sean libres para escoger el camino que decidan, tengan las mismas oportunidades para prosperar y puedan constituir y dirigir por igual la sociedad europea.

Los objetivos fundamentales son:

- Acabar con la violencia de género.
- Luchar contra los estereotipos de género.
- Eliminar las brechas de género en el mercado de trabajo.
- Conseguir la participación igualitaria en los sectores económicos.

- Tratar la brecha salarial y de las pensiones.
- Reducir las desigualdades de género en las responsabilidades de asistencia a menores, personas discapacitadas y grandes dependientes.
- Conseguir el equilibrio entre mujeres y hombres en el ámbito político.

La Estrategia se basa en un plan dual de integración de la perspectiva de género junto con actuaciones específicas. Aunque la Estrategia se centra en la actuación dentro de la UE, esta es acorde con la política exterior en materia de igualdad.

La Comisión Europea, con el objetivo de realizar un seguimiento de la aplicación de las medidas incluidas en la estrategia, desarrolló el *Portal de seguimiento de la estrategia de igualdad de género.* Con esta herramienta los ciudadanos europeos pueden consultar los datos derivados de los trabajos realizados sobre las tres dimensiones de la estrategia:

- Estar libre de violencia y estereotipos.
- Prosperar en una economía con igualdad de género.
- Liderar por igual en toda la sociedad.

Desde Europa se muestra especial atención también en incluir la brecha salarial como indicador en todos los datos estadísticos obtenidos en relación con el empleo, con el objetivo de establecer medidas para la equiparación laboral.

Aunque los datos que ofrece anualmente la Secretaría de Estado de Trabajo en los que se analiza la situación de las mujeres en el mercado de trabajo son alentadores, lo cierto es que existen una serie de dificultades en el mercado laboral español, como bien enuncian los informes y evaluaciones de la Comunidad Europea, en los que será necesario trabajar para conseguir la igualdad efectiva en el ámbito laboral.

La **tasa de actividad femenina** en España, en base al informe *La situación de las mujeres en el mercado de trabajo 2023* de la Secretaría de Estado, se sitúa en 72 %, frente a la tasa de actividad masculina situada en 79,80 %. Lo que supone una brecha de género de casi ocho puntos porcentuales, de menor tasa de actividad en mujeres que en hombres.

Los datos del informe sobre la tasa de actividad femenina y las diferencias de género absolutas, según los grupos de edad son:

	Tasa de actividad	Diferencia de género absoluta (H-M) (pp)
16 a 24 años	34,9	4,4
25 a 44 años	85,2	6,8
45 a 54 años	82,4	8,8
55 a 64 años	61,2	12,3

En esta tabla se puede observar que la tasa de actividad más alta en las mujeres en 2023 corresponde al rango de edad de 25 a 44 años. Sin embargo, la brecha de género más elevada corresponde al sector de la población femenina de 55 a 64 años.

Es importante destacar el fenómeno de la **inactividad** y sus causas; se debe hacer mención a que por inactividad se considerarán aquellas personas que no tienen empleo ni lo están buscando. Los datos sobre las principales causas de inactividad de las mujeres y de los hombres reflejadas en el informe son:

	Hombres	Mujeres
Desanimados/as	0,7 %	1,0 %
Estudios	19,4 %	15,1 %
Jubilación	31,9 %	17,6 %
Cuidado de niños/as y familiares	3,3 %	15,4 %
Resto de causas	44,7 %	50,8 %

En cuanto a la inactividad y sus motivaciones, el dato más relevante que se desprende de la tabla anterior es que el 15,4 % de las mujeres tienen como principal causa el cuidado de menores y familiares, frente a tan solo el 3,3 % de los hombres. La aplicación de medidas efectivas para la conciliación y la corresponsabilidad en el país han de estar encaminadas a disminuir la diferencia de 12,1 puntos. También destaca que la inactividad en los hombres y en las mujeres por jubilación tenga una diferencia de 14,3 puntos a favor de ellos.

Por lo que será necesario establecer medidas efectivas para la conciliación y la corresponsabilidad para lograr medidas efectivas en el ámbito laboral.

Actividades

14. Realice una investigación sobre los mejores convenios colectivos en materia de conciliación en España.
15. ¿Coinciden los datos de inactividad con los datos a nivel europeo?

Continuando con el análisis de los datos agrupados por edades que arroja el *informe de la situación de la mujer en 2023,* la **tasa de empleo femenina** y la diferencia de género absoluta son:

	Tasa de empleo femenina	Diferencia de género absoluta (H-M) (pp)
16 a 24 años	25,0	3,1
25 a 44 años	71,0	8,8
45 a 54 años	72,5	11,8
55 a 64 años	53,1	13,2

Aplicación práctica

Con los datos de la tabla anterior, responde a las siguientes cuestiones:

1. **¿Qué rango de edad tienen las mujeres con la menor tasa de empleo?**
2. **¿Qué grupo de edad masculina tiene la tasa de empleo más alta? ¿Y la más baja?**

Continúa en página siguiente >>

<< Viene de página anterior

SOLUCIÓN

1. El grupo de edad que cuenta con la tasa de empleo más baja es el comprendido entre los 16 y 24 años, representando el 25 % de las mujeres de ese rango.
2. El grupo de edad con la tasa de empleo masculino más alta es el de 45 a 54 años, ascendiendo al 84,3 %. Para obtenerlo se suma la tasa de empleo femenina y la diferencia de género absoluta (72,5 + 11,8).
   Y el grupo de edad con la tasa de empleo masculino más baja es el intervalo de 16 a 24 años que supone el 28,1 %.

Con respecto a la **tasa de paro,** será interesante realizar una clasificación por comunidades autónomas, de esta manera se podrán observar también las diferencias existentes dentro del propio territorio nacional con respecto a la igualdad laboral.

En base al informe *La situación de las mujeres en el mercado de trabajo 2023,* se obtendrán los datos que se representan gráficamente a continuación:

Tasa de paro por sexo y Comunidades y Ciudades Autónoma

41
37
33
29
25
21
17
3
9
5

Andalucía
Aragón
Asturias, Principado de
Balears, Illes
Canarias
Cantabria
Castilla y León
Castilla - La Mancha
Cataluña
Comunitat Valenciana
Extremadura
Galicia
Madrid, Comunidad de
Murcia, Región de
Navarra, C. Foral de
País Vasco
Rioja, La
Ceuta
Melilla

Hombres
Mujeres

En dicha gráfica se puede ver cómo hay comunidades como Islas Baleares, Cataluña, Galicia, País Vasco, Comunidad Foral de Navarra o Melilla, donde las desigualdades son prácticamente inexistentes, mientras que en otras comunidades autónomas como Extremadura, Castilla-La Mancha o Ceuta las desigualdades son bastante más acusadas.

Será interesante también correlacionar la tasa de paro femenina con los niveles educativos alcanzados.

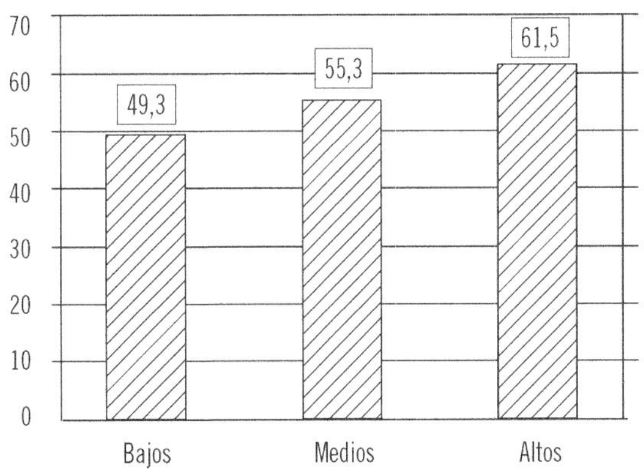

En algunas de las comunidades autónomas donde se encuentra más paro femenino existen también unos niveles educativos más bajos comparativamente que en el resto; también es necesario hacer mención a la de la población de algunas de dichas comunidades con respecto a otras, por lo que el análisis de los datos deberá ser tenido en cuenta contando con la media de la población de dichas comunidades autónomas.

Por último, hay que destacar el importante avance en los niveles educativos de las mujeres en los últimos 50 años, y la importante cantidad de egresadas universitarias, mayor en los últimos años que los hombres.

No obstante, a pesar de que las mujeres poseen en la actualidad niveles educativos superiores, las condiciones laborales no responden a dicho aumento, pues la brecha salarial entre hombre y mujeres se encuentra en un 18,4 %; un hombre en España gana más de media que las mujeres al año, hecho que se suaviza en cuanto a los trabajadores jóvenes y sin hijos, pero se dispara en cuanto hablamos de trabajadores/as con hijos, según datos de la encuesta de estructura salarial publicada en el INE (2021).

Ganancia media anual por trabajador.
Fuente INE

	Valor
Ambos sexos	25.896,82
Mujeres	23.175,95
Hombres	28.388,69

A modo de resumen de los datos que se han trabajado en este apartado se pueden destacar las siguientes afirmaciones con respecto a la situación de las mujeres en el mercado laboral español en la actualidad:

- En la actualidad se podría decir que 46 de cada 100 ocupados en el mercado laboral español son mujeres.
- La inmensa mayoría de las mujeres trabaja en el sector servicios. El sector servicios en España está marcado por una fuerte estacionalidad.
- Segregación laboral muy elevada, la mayoría de las mujeres trabaja en la categoría de “Trabajadores de servicios y ventas” (Clasificación de la Organización Internacional del Trabajo), seguida de “Técnicas y profesionales científicas e intelectuales”, por último “Tareas elementales”; 7 de cada 10 mujeres trabajan en una de esas 3 categorías profesionales.
- Las mujeres tienen tasas de paro más altas y sus años de vida laboral son menores.
- El 78,9 % del empleo femenino es a tiempo completo.
- Las mujeres cobran de media un 18,4 % menos que los hombres.

- Las tasas de ocupación femenina son más alta en educación superior que para niveles educativos inferiores.
- Las mujeres tienen poco peso en los puestos de mando. A pesar de ser el 46 % de la fuerza laboral las mujeres no ocupan ni 35 de cada 100 altos cargos; el denominado "Techo de cristal" está muy presente en el mercado laboral español.
- En España, solo hay cinco mujeres entre las 20 mayores fortunas publicadas por la lista Forbes.
- Más pensionistas, pero con una renta más baja. En España el número de mujeres perceptoras de una pensión es mayor que el de los hombres, hay que tener en cuenta que no solo se contabilizan las pensiones de jubilación, sino también otras pensiones como la de viudedad, por ejemplo. Por último, hacer mención a que dichas pensiones son un 29 % más bajas de media en mujeres que en hombres.

Importante

En 2021 entró en vigor el Real Decreto 902/2020 de 13 de octubre, que regula la igualdad retributiva entre mujeres y hombres.

En el presente apartado se ha descrito mediante el estudio de una serie de datos la situación actual del mercado laboral español. No obstante, la recesión sufrida en España por la pandemia de Covid-19 provocó cambios en el mercado laboral en poco tiempo. Dada la globalización de la economía a nivel mundial cualquier cambio que se produzca puede provocar numerosos cambios en el mercado laboral de cualquiera de los países, por lo tanto, habrá que estar vigilante ante la multitud de cambios que previsiblemente se pueden producir.

Actividades

16. Tomando como base el Informe *La situación de las mujeres en el mercado de trabajo 2023*, obtenga sus propias conclusiones sobre la tasa de empleo femenino a tiempo parcial en España respecto al resto de países de la UE.

3. Formas de caracterización de los tipos de discriminación en materia de empleo y ámbitos donde se desarrolla

Como ya se ha podido ver a lo largo del apartado anterior, las teorías feministas que surgieron a partir de los años 70 pusieron de relieve la existencia de desigualdades de género en los mercados laborales, asimismo se han podido comprobar los datos estadísticos obtenidos de diferentes fuentes y que corroboran la existencia de dichas desigualdades y la presencia de las mismas hasta la actualidad.

Nota

"No se alcanzará ninguno de los objetivos de desarrollo del milenio sin el progreso por la igualdad de género ni la capacitación de la mujer" (ONU).

3.1. Discriminación directa y discriminación indirecta

La Organización Internacional del Trabajo (OIT) reconoce que la igualdad entre hombres y mujeres es un valor fundamental reconocido universalmente. Desde 1919 las normas internacionales del trabajo, la declaración de la OIT relativa a los principios y derechos fundamentales en el trabajo de 1998, así como la Constitución Española y las distintas resoluciones de la Conferencia Internacional del Trabajo y las decisiones del consejo de administración relativas a la igualdad de género, hasta la declaración de la OIT sobre la justicia social para una globalización equitativa de 2008, tienen como objetivo común eliminar la discriminación por razón de sexo en el trabajo y promover la igualdad de género.

Actividades

17. Investigue en Internet sobre la Organización Internacional del Trabajo. ¿Cuándo comenzó a funcionar? ¿Cuáles son los principales objetivos de dicha Organización?

En el caso de España, los conceptos de discriminación directa e indirecta por razón de sexo se encuentran definidos en la Ley Orgánica 3/2007, de 22 de marzo, para la Igualdad Efectiva de Mujeres y Hombres, recogidos dentro del título I "El principio de igualdad y la tutela contra la discriminación". En el artículo 6 se exponen las siguientes definiciones de discriminación directa e indirecta:

1. *Se considera discriminación directa por razón de sexo la situación en la que se encuentra una persona que sea, haya sido o pudiera ser tratada, en atención a su sexo, de manera menos favorable que otra persona que se encuentre en una situación comparable.*
2. *Se considera discriminación indirecta por razón de sexo la situación en que una disposición, criterio o práctica, que son aparentemente neutros pone a personas de un sexo en desventaja particular con respecto a personas del otro, salvo que dicha disposición, criterio o práctica puedan justificarse objetivamente en atención a una finalidad legítima y que los medios para alcanzar dicha finalidad sean necesarios y adecuados.*
3. *En cualquier caso, se considera discriminatoria toda orden de discriminar, directa o indirectamente, por razón de sexo.*

Nota

En la Ley 15/2022, de 12 de julio, en su artículo 6.1 se definen los conceptos de discriminación directa e indirecta, en base a las causas previstas en ella (art. 2.1). Asimismo, en su artículo 6.5 se desarrolla el concepto de "Inducción, orden o instrucción de discriminar".

En el artículo 11 de la LOIEHM se expone lo que se denomina como acciones o discriminaciones positivas, que van a consistir en lo siguiente:

1. Con el objetivo de hacer efectivo el derecho constitucional de la igualdad, se establece que los poderes públicos pueden adoptar medidas específicas a favor de las mujeres para corregir situaciones patentes de desigualdad respecto a los hombres. Tales medidas serán aplicadas mientras existan las situaciones, habrán de ser razonables y proporcionadas al objetivo perseguido en cada caso.
2. Además de los poderes públicos, también las personas físicas y jurídicas privadas podrán adoptar este tipo de medidas en los términos establecidos en la ley.

Aplicación práctica

Laura y Óscar son compañeros de trabajo en un taller mecánico. Trabajan para una gran cadena de automóviles, ambos poseen la misma titulación, Laura lleva 5 años empleada en la empresa y Óscar lleva un año más. Ambos ocupan cargos similares dentro de la compañía. Dentro de poco tiempo se va a jubilar Juan, que es el jefe del taller mecánico, y este propone a la empresa que su cargo sea ocupado por Óscar, no obstante la empresa está pensando en otorgar a Laura el cargo de jefa de taller. ¿Es correcto legalmente? Justifique su respuesta.

Continúa en página siguiente >>

<< Viene de página anterior

SOLUCIÓN

La empresa está tomando en consideración la perspectiva de género y está aplicando el principio de discriminación positiva. Se puede considerar así en base a que la mujer es probablemente un sexo subrepresentado dentro de ese cargo en la empresa. Como ya se ha visto, la proporción de mujeres en determinados sectores es muy escasa.

Unidos a la concepción de discriminación por razón de sexo, se encuentran los artículos 8, 9 y 10 de la misma ley donde se expone lo siguiente:

- **Artículo 8:** discriminación por embarazo o maternidad: constituirá discriminación directa por razón de sexo todo trato desfavorable a las mujeres relacionado con el embarazo o la maternidad.
- **Artículo 9:** indemnidad frente a represalias: se considera también el trato adverso o negativo que se produzca a una persona como consecuencia de la presentación por su parte de queja, reclamación, denuncia, demanda o recurso de cualquier tipo, destinados a impedir su discriminación y a exigir el cumplimiento efectivo del principio de igualdad de trato entre mujeres y hombres.
- **Artículo 10:** consecuencias jurídicas de las conductas discriminatorias: de este modo se determina que aquellos actos y cláusulas de los negocios jurídicos que constituyan o causen discriminación por razón de sexo se considerarán nulos y sin efecto y darán lugar a responsabilidad a través de un sistema de reparaciones que sean reales, efectivas y proporcionadas al prejuicio sufrido, así como, en su caso, a través de un sistema eficaz y disuasorio de sanciones que prevengan la realización de conductas discriminatorias.

Por su parte, la Ley 15/2022 define también el concepto de acoso discriminatorio. Se considera como tal, toda conducta que vaya en contra de la dignidad de las personas y tenga como objetivo crear un entorno intimidatorio, hostil, degradante, humillante u ofensivo.

Aplicación práctica

Marta lleva trabajando 5 años como dependienta en una tienda de zapatos. Recientemente se ha quedado embarazada de su primer hijo y tras ponerlo en conocimiento de la empresa comienza a tener problemas, pues le cambian los horarios de trabajo, le rebajan el sueldo y poco tiempo después le presentan un despido atendiendo a circunstancias laborales. Marta se niega a firmar la baja y se plantea demandar a la empresa. ¿Qué repercusiones podría tener la empresa atendiendo a la presente legislación?

SOLUCIÓN

La empresa podría estar incurriendo en conducta discriminatoria por razón de sexo, por lo que podría ser sancionada por la Administración, estar obligada a reincorporar a Marta en las condiciones laborales que tenía previamente o, en su defecto, a indemnizarla adecuadamente.

3.2. Segregación vertical y horizontal

La segregación laboral por género supone la existencia de un mercado de trabajo que se encuentra organizado en base a puestos de trabajo de definición masculina y femenina.

Esta situación tiene como consecuencia, en base a las teorías de diferentes autores (Blau y Khan, 1997; Amuedo-Dorantes y De la Rica, 2006), la concentración del empleo femenino en determinados puestos de trabajo, hecho que repercute negativamente sobre la propia productividad y contribuye a la explicación de las diferencias salariales por motivos de género. Según Rubery, Fagan y Maier (1997), la propia existencia de la segregación laboral puede condicionar las decisiones laborales de las mujeres, reduciendo sus niveles de participación y empleo, al inferirse unos menores rendimientos asociados a sus trabajos.

Existen diferentes teorías que procuran una explicación a la segregación ocupacional de mujeres y hombres. Aunque estas teorías se solapan en parte, se podrían clasificar del siguiente modo:

- **Teorías neoclásicas del capital humano:** estas teorías fundamentan la segregación laboral en base a dos factores: la oferta de trabajo y la demanda de trabajo:

  - **La oferta de trabajo:** en base a estas teorías, el capital humano que ofrecen las mujeres es inferior, en tanto a lo que las mujeres ofertan (menor formación y cualificaciones menos aprovechables) como en lo que adquieren una vez incorporadas al mercado laboral (menor experiencia laboral que los hombres debido al matrimonio y las responsabilidades familiares como, por ejemplo, la crianza de los/as hijos/as que truncan su vida profesional o la hacen intermitente).
  - **La demanda de trabajo:** muchos de los factores que influyen en las preferencias de los hombres y las mujeres por unas ocupaciones u otras, lo hacen también en las empresas a la hora de contratar a hombres o mujeres para determinados puestos de trabajo. De este modo, es habitual que los puestos de trabajo que exigen un nivel de estudios más alto se ofrezcan a hombres en lugar de a mujeres (aunque esta lógica ofrece dudas en la actualidad, ya que en muchos países los niveles de instrucción entre hombres y mujeres son similares); sucede lo mismo para aquellos puestos donde la experiencia y la formación en el propio trabajo son relativamente importantes; por último, es habitual pensar que el puesto de trabajo femenino resulta más caro, incluso en casos de igualdad salarial, por llevar aparejada una serie de costos salariales indirectos y presuntamente más elevados.

- **Teorías de la parcelación del mercado de trabajo:** estas teorías se apoyan en las anteriores teorías neoclásicas y adoptan que los mercados de trabajo se encuentran segmentados de ciertas maneras y que, aunque cada parcela del mercado está definida en base a las teorías neoclásicas, es difícil para los y las trabajadoras pasar de una parcela a otra. Un ejemplo es la teoría de un mercado de trabajo dual, donde se presupone que existe un sector primario con empleos relativamente satisfactorios, ya que ofrecen estabilidad, posibilidades de promoción, buena remuneración... (estaría ocupado por hombres) y un sector secundario, donde los trabajos son insatisfactorios en cuanto a estabilidad, remuneración, condiciones de trabajo... (estaría ocupado por mujeres).

- **Teorías no económicas y feministas "sociosexuales":** estas teorías se centran en el estudio de variables, que se encuentran fuera del mercado de trabajo, para determinar una premisa básica que se centra en que la situación de desventaja que presentan las mujeres en el entorno laboral constituye un reflejo de aquello mismo que la origina, es decir, el patriarcado y el lugar subordinado que ocupa la mujer dentro de la sociedad y la familia. Estas teorías hacen hincapié en las desventajas socioeconómicas y culturales que sufre hoy por hoy la condición femenina, hacen de este hecho un valioso instrumento para explicar la segregación ocupacional por sexos y ponen de manifiesto de qué manera exacta las ocupaciones femeninas plasman en el mercado de trabajo los estereotipos comunes y dominantes en la sociedad sobre las mujeres y sus presuntas aptitudes profesionales.

Definición

Patriarcado

Organización social primitiva en la que la autoridad es ejercida por un varón jefe de cada familia, extendiéndose este poder a los parientes aún lejanos de un mismo linaje (RAE).

Situación de distribución desigual del poder entre hombres y mujeres en la cual los varones tendrían preeminencia en uno o varios aspectos (Teorías feministas).

Las teorías anteriores intentan explicar la segregación o división que existe en el mercado de trabajo actual. Es importante destacar también que esta segregación puede producirse en dos formas diferentes: la denominada segregación horizontal y la segregación vertical, que se definen en los siguientes términos:

- **Segregación horizontal o sectorial:** se entiende como la segregación laboral que se produce por sectores o ramas de actividad en el mercado de trabajo. Consiste en el porcentaje de mujeres u hombres que se concentran en un sector laboral determinado, en relación con el porcentaje que ese sector supone en la ocupación total de mujeres y hombres. La segregación horizontal supone a la vez un elemento estructurado y estructurante de los mercados de trabajo. Se trata de un elemento estructurado en la medida en que las actividades productivas y servicios han ido pasando de la esfera doméstica a las organizaciones (empresariales o públicas), las mujeres han ido engrosando fuerza de trabajo, pero lo están haciendo en su mayor parte en actividades o sectores que ya ocupaban. A la vez, la segregación laboral horizontal es estructurante desde el momento en que las características de los trabajadores y de los puestos son muy diferentes según se consideren las ocupaciones mayoritariamente femeninas o masculinas.

- **Segregación vertical:** se refiere a la concentración de mujeres y hombres en diferentes grados y niveles específicos de puestos y ocupaciones profesionales. La concepción de la segregación laboral vertical está íntimamente relacionada con el concepto de techo de cristal que supone restricciones en el acceso en los puestos de trabajo de mayor rango o relevancia para las mujeres. No obstante, este concepto se verá con más detenimiento en apartados posteriores.

Actividades

18. Realice una relación de casos identificados en España en los que se pueda ver la segregación horizontal.
19. Realice una relación de casos identificados en España en los que se pueda ver la segregación vertical.

3.3. Brecha salarial

La brecha salarial es el término que se usa para establecer las diferencias existentes en los salarios de mujeres y hombres en el mercado laboral. Concretamente, la brecha salarial mide la diferencia existente entre los salarios percibidos por las personas trabajadoras de ambos sexos calculada sobre la base de diferencia media entre los ingresos brutos por hora de todas ellas.

Según los datos que muestra Eurostat por término medio, las mujeres de la Unión Europea ganan de media un 12,7 % menos por hora que los hombres; los datos también muestran que las diferencias subsisten a pesar de que las mujeres obtienen mejores resultados académicos que los hombres, tanto en la escuela como en las universidades, además de que las mujeres representan en Europa un 59 % de los graduados universitarios.

Sabía que...

La proposición de Ley aprobada en el Pleno del Congreso el 26 de febrero de 2018 consideraba una serie de medidas para garantizar la igualdad salarial de los y las trabajadoras. En dicha ley se recogían medidas como la publicación de los salarios por puestos en las empresas, las auditorías laborales y el principio de trabajos de igual valor aplicados a los convenios laborales. Finalmente, el 13 de octubre de 2020 se publicó el Real Decreto 902/2020, de igualdad retributiva entre mujeres y hombres.

La brecha salarial tiene efectos a largo plazo sobre la vida de las mujeres, ya que estas obtienen unos menores ingresos que conducen a unas pensiones más bajas que los hombres y a padecer un mayor riesgo de pobreza en la tercera edad.

Actividades

20. Localice estadísticas recientes sobre la brecha salarial en España. ¿En qué sectores es mayor? ¿En qué sectores es menor?
21. ¿Existe brecha salarial entre los altos cargos y puestos directivos de empresas entre mujeres y hombres en España? Argumente su respuesta.

La brecha salarial en la Unión Europea se presenta como un porcentaje respecto a los ingresos de la población masculina y representa el promedio de las diferencias entre los ingresos brutos por hora de trabajadores de sexo masculino y femenino. Los ingresos brutos constituyen las pagas o salarios que son abonados directamente a los trabajadores antes de que se aplique cualquier deducción para la renta o la Seguridad Social

Nota

En la Unión Europea los datos sobre la brecha salarial entre hombres y mujeres están elaborados con la metodología de Encuesta sobre la estructura de los salarios.

Las principales causas que dan cabida a la brecha salarial entre mujeres y hombres se pueden relacionar como las siguientes:

- **La discriminación en el lugar de trabajo:** en muchos de los casos la diferencia entre los salarios de mujeres y hombres se produce a pesar de realizar el mismo trabajo o de igual valor. Esta situación puede ser entendida por una discriminación directa de las mujeres en los entornos laborales, por lo que reciben un trato menos favorable que sus compañeros varones.
- **Diferentes empleos y diferentes sectores:** es debido a la segregación horizontal o sectorial en el trabajo. Además en aquellos sectores en los que la presencia de mujeres es mayor, predominan unos salarios más bajos, unido a que las mujeres son las que mayoritariamente ocupan puestos de trabajo a tiempo parcial.
- **Prácticas laborales y sistemas salariales:** a mujeres y hombres no se les aplican las mismas prácticas laborales, como se puede ver en el caso de la formación y el desarrollo profesional. Las diferencias en las formas de remuneración de los/as empleados/as, tales como pagas extra, prestaciones y complementos por rendimientos..., así como la estructura real

de los sistemas salariales puede dar lugar a diferentes condiciones en la remuneración de personas trabajadoras hombres y mujeres.

- **La infravaloración del trabajo y las capacidades de las mujeres:** a menudo las competencias y habilidades de las mujeres se encuentran infravaloradas, especialmente en los sectores en los que predominan. Frecuentemente, las capacidades de las mujeres se infravaloran porque se consideran como "características femeninas" en lugar de competencias y habilidades adquiridas.
- **La escasa presencia de las mujeres en puestos de liderazgo y de alto nivel:** la presencia de mujeres en política y economía es bastante escasa.
- **Tradiciones y roles de género:** dichos roles y tradiciones determinan desde muy tempranas edades los papeles que hombres y mujeres desempeñan en la sociedad. Esto puede, por ejemplo, influenciar en la elección de los estudios o la formación.
- **Conciliación de la vida laboral y familiar:** las mujeres trabajan de forma general menos horas, muy frecuentemente a tiempo parcial, para poder compaginar el desempeño de las responsabilidades familiares con el desempeño de un trabajo remunerado.

Aplicación práctica

Una empresa cuenta con un total de 62 trabajadores/as, de los que 35 son mujeres, que se encuentran repartidas en 7 departamentos diferentes. El director de la empresa es un hombre, al igual que 5 jefes de departamento. Las mujeres tienen un sueldo medio de 1.300 € brutos y los hombres de 1.500 € brutos. ¿Existe brecha salarial? ¿A qué es debido?

SOLUCIÓN

Sí, existe una brecha salarial; en concreto una diferencia de 200 € mensuales. En el caso que se presenta parece que esto es así porque son hombres en su mayoría los que ocupan cargos más altos en la empresa.

3.4. Techo de cristal y suelo pegajoso

Se denomina techo de cristal a la superficie superior invisible en la carrera laboral de las mujeres, que es difícil de traspasar e impide el avance hacia los puestos jerárquicamente superiores. El carácter de invisibilidad viene dado porque no existe ninguna ley ni dispositivo social establecido, ni códigos visibles que impongan a las mujeres semejantes limitaciones, sino que está construido sobre la base de otros rasgos que son difíciles de visualizar.

Asimismo, el concepto de suelo pegajoso agrupa aquellas "fuerzas" que mantienen a las mujeres en la base de la pirámide económica, en referencia a las tareas de cuidado familiar y responsabilidades domésticas que, tradicionalmente, han sido desarrolladas por las mujeres que, según las tradiciones de la sociedad patriarcal, se corresponden con su "espacio natural" y que suponen un obstáculo en el desarrollo de sus carreras profesionales.

Actividades

22. Realice un esquema comparativo entre los conceptos de techo de cristal y suelo pegajoso.
23. ¿Cuáles son las implicaciones comunes y diferenciadas entre ambos conceptos en relación a la discriminación laboral de las mujeres?

Algunos de los obstáculos que se encuentran las mujeres en el desarrollo de las carreras profesionales y que dan lugar a los conceptos de techo de cristal y suelo pegajoso pueden identificarse como los siguientes:

- Las propias estructuras jerárquicas del mercado laboral, en las que los puestos de toma de decisión están ocupados mayoritariamente por hombres, en las que funciona el principio de cooptación en la mayoría de los casos, en base al cual los puestos están designados por elección directa de alguien y no por méritos.

- El mayor entrenamiento en habilidades afectivas en el caso de las mujeres que puede entrar en conflicto con el mundo del trabajo masculino, caracterizado por un máximo de racionalidad.
- En muchas ocasiones, el trabajo de las mujeres en sectores tradicionalmente masculinos es visto de forma inquisitiva por sus compañeros, exigiendo el nivel de excelencia al trabajo desempeñado por las mujeres.
- La fuerte influencia de los estereotipos, en diferentes sentidos, por una parte convierten a las mujeres en no elegibles para puestos de responsabilidad y poder, por otro lado son interiorizados por las propias trabajadoras. Además, se pueden observar también los estereotipos en la orientación laboral, tanto escolar como familiar.
- La doble carga o doble jornada laboral para conciliar la vida profesional con la vida familiar.
- La autodesconfianza producida por la falta de modelos femeninos con los que identificarse, que genera inseguridad a la eficiencia en puestos, tradicionalmente, ocupados por varones.

3.5. Acoso sexual y por razón de sexo

Para definir el acoso sexual y por razón de sexo será vital tener en consideración la definición que de ambos términos se realiza en la Ley Orgánica 3/2007, de 22 de marzo, para la Igualdad Efectiva de Mujeres y Hombres, como un primer paso. De este modo en el artículo 7 se expone lo siguiente:

1. *Sin perjuicio de lo establecido en el Código Penal, a efectos de esta ley constituye acoso sexual cualquier comportamiento, verbal o físico, de naturaleza sexual que tenga el propósito o produzca el efecto de atentar contra la dignidad de una persona, en particular cuando se crea un entorno intimidatorio, degradante u ofensivo.*
2. *Constituye acoso por razón de sexo cualquier comportamiento realizado en función del sexo de una persona, con el propósito o el efecto de atentar contra su dignidad y de crear un entorno intimidatorio, degradante u ofensivo.*
3. *Se considerarán en todo caso como discriminatorios el acoso sexual y el acoso por razón de sexo.*
4. *El condicionamiento de un derecho o de una expectativa de derecho a la aceptación de una situación constitutiva de acoso sexual o acoso por razón de sexo se considerarán también acto de discriminación por razón de sexo.*

Entre ambas formas de acoso existen unos elementos comunes, que son los siguientes:

- Comportamiento no deseado por parte de quien lo sufre, es decir, en ambos casos la persona acosada es objeto de conductas no deseadas.
- Comportamiento que implica connotaciones sexuales o de naturaleza sexual y/o sexista. Este tipo de conductas pueden ser verbales, no verbales o físicas.
- Comportamiento que atenta contra la dignidad de una persona o crea un entorno de discriminación, de intimidación, hostil, ofensivo, degradante o humillante hacia las mismas. Este tipo de entornos tiene siempre consecuencias negativas para quien los sufre.

Respecto al grado de autoridad jerárquica o relación de poder de quien ejerce el acoso sobre la persona acosada o del ambiente creado en torno a ella se pueden identificar los siguientes tipos de acoso:

- **Acoso de intercambio o chantaje sexual** ***(quid pro quo):*** se denomina también "acoso vertical". Este tipo de acoso implica un abuso de autoridad, por lo que quienes acosan tienen la posibilidad de actuar sobre las condiciones laborales de la persona acosada.
- **Acoso ambiental:** esta clase de acoso no está determinada por la jerarquía en el puesto de trabajo, es frecuente que se produzca entre personas del mismo nivel laboral. Se denomina también como "acoso horizontal".

Atendiendo a la cuantificación del acoso y a la percepción de quien lo señala, describe o denuncia, se pueden clasificar los siguientes tipos:

- **Acoso técnico:** situaciones que constituyen acoso a juicio de personas expertas, sufridas en el último año por una persona, independientemente de que esta la señale o no como acoso sexual.
- **Acoso declarado:** aquellas situaciones sufridas en el último año y percibidas por la persona que las padece como acoso sexual o acoso por razón de sexo.

Aplicación práctica

María ha interpuesto una demanda contra su anterior empresa por despido improcedente. No obstante, tras contar su situación a su abogado, que es experto en materia de género, este le recomienda que interponga también una demanda por acoso por razón de sexo. ¿Es esto posible? ¿En caso de serlo qué tipo de acoso es en base a su cuantificación?

SOLUCIÓN

Sí, es posible. Esto constituiría acoso técnico, ya que María no lo ha percibido como tal, pero su abogado, que es la persona experta, lo cree conveniente.

En la identificación del acoso va a intervenir también el grado o nivel de gravedad de los hechos, atendiendo a la siguiente escala:

- **Leve:** se corresponde con expresiones verbales públicas vejatorias para la persona acosada.
- **Grave:** se asocia a situaciones en las que se produce una interacción verbal directa con alto contenido sexual.
- **Muy grave:** se corresponde con situaciones en las que se producen contactos físicos no deseados y presión verbal directa.

Aplicación práctica

Identifique el nivel de gravedad de los siguientes hechos en relación al acoso sexual:

1. **Decir piropos.**
2. **Realizar gestos obscenos.**
3. **Enviar cartas, notas o mensajes de correo electrónico de contenido sexual de carácter ofensivo.**
4. **Provocar el contacto físico "accidental" de los cuerpos.**
5. **Mirar de forma lasciva.**

Continúa en página siguiente >>

<< Viene de página anterior

SOLUCIÓN

En función de lo que se ha podido observar en la anterior clasificación, cada uno de los hechos presentados se corresponderían con los siguientes grados de acoso sexual:

1. Decir piropos: acoso sexual leve.
2. Realizar gestos obscenos: acoso sexual grave.
3. Enviar cartas, notas o mensajes de correo electrónico de contenido sexual de carácter ofensivo: acoso sexual muy grave.
4. Provocar el contacto físico "accidental" de los cuerpos: acoso sexual grave.
5. Mirar de forma lasciva: acoso sexual leve.

---

4. Procesos de intervención en materia de diversificación profesional. Superando el currículum oculto

Como ya se ha visto en apartados anteriores, de entre los principales obstáculos que encuentran las mujeres en cuanto a la equiparación laboral con sus compañeros varones va a consistir en las diferencias sobre la formación, ya sea porque los niveles educativos han sido tradicionalmente más bajos (aunque como ya se ha visto esta circunstancia es prácticamente inversa en la actualidad), o bien por la segregación ocupacional, tanto la horizontal, que aglutina a las mujeres en determinados sectores, como en la vertical, ya que uno de los motivos que se podrían esgrimir para justificar dicha segregación es la menor dedicación de las mujeres a la formación continuada dentro de las empresas, debido a las limitaciones en el tiempo por la mayor dedicación a las responsabilidades familiares.

En este sentido, va a ser importante identificar aquellos aspectos en relación a la formación de las mujeres a lo largo de toda la trayectoria educativa que inciden en dicha situación, con el objetivo de intervenir sobre la diversificación profesional de las mujeres. Para ello será importante atender al concepto de currículum oculto. Mucho se ha debatido sobre los condicionantes educativos que implica el currículum escolar, siendo uno de los más importantes el establecimiento de una diferencia sexista en base al género. Por esta razón existe una especial preocupación en torno al género en el ámbito escolar y será importante desgranar el concepto de currículum oculto, tal y como se entiende en el ámbito educativo.

Definición

Currículum escolar

El currículum o currículo escolar está formado por el conjunto de objetivos, contenidos, criterios metodológicos y técnicas de evaluación que orientan la actividad educativa económica.

Torres (1992) ofrece la siguiente definición de currículum oculto:

El currículum oculto funciona de manera implícita a través de los contenidos culturales, las rutinas, interacciones y tareas escolares. No es el fruto de una planificación "conspirativa" del colectivo docente. Por lo que es importante señalar que, normalmente, da como resultado una reproducción de las principales dimensiones y peculiaridades de nuestra sociedad.

Se podría decir, por lo tanto, que el currículum oculto funciona como un conjunto de normas, actitudes, expectativas, creencias y prácticas que se instala de forma no consciente en las instituciones, en sus estructuras y funcionamiento y que perpetúa el desarrollo de una cultura hegemónica en las mismas.

Actividades

24. Realice una búsqueda sobre el currículum escolar de las asignaturas de sexto de educación primaria.
25. Reflexione sobre el currículum oculto de dichas asignaturas en su experiencia personal.

El currículum oculto se encuentra enraizado en los diferentes elementos que componen la cultura escolar, desde los niveles educativos básicos hasta los superiores. Dichas disposiciones suponen: las estructuras, rituales, normas, creencias, escenarios, lenguajes, relaciones, expectativas, rutinas, valores, materiales, comportamientos, actitudes y mitos.

Otra definición complementaria de currículum oculto es la que aporta Charo Altable (1993) que analizó los procesos de construcción del género en el ámbito escolar, y definió el currículum oculto como:

> *El conjunto de normas y valores inconscientes de conducto, aprendidas en las primera infancia y perpetuadas después en la escuela a través de los contenidos y sobre todo a través de los comportamientos, actitudes, gestos y expectativas diferentes del profesorado respecto a los alumnos y alumnas.*

Dicho currículum oculto determina lo que algunos autores han denominado como efectos secundarios (Santos Guerra 1992), que van a constituir aquellas consecuencias, que sin ser pretendidas explícitamente se derivan de una forma determinada de organizar la experiencia, estructurar los espacios, articular los tiempos, establecer las relaciones... Santos Guerra (1992) las va a definir como:

> *Aquellas consecuencias no pretendidas, no explícitamente buscadas, que se derivan de la actuación escolar. No los denomino secundarios porque tengan escasa importancia, ni siquiera menos que los efectos pretendidos, sino porque no están en el punto de mira inmediato, y prioritario de los profesionales ni de los políticos de la educación.*

El currículum oculto escolar y los efectos secundarios que este va a tener van a ayudar a conformar la relación entre la enseñanza y el trabajo de las mujeres; determinando en gran medida la división horizontal del trabajo, encasillando a las mujeres en profesiones concretas, así como en la división vertical conllevando unas peores condiciones laborales, como la jornada parcial, la escasa autonomía laboral, peores remuneraciones... A medida que un sector profesional se feminiza se considera socialmente menos valioso, menos importante y menos cualificado (Apple, 1988).

En los últimos años se ha venido realizando una importante labor en la generación de información estadística desagregada por sexo gracias a la que se obtienen valiosos datos sobre la situación y la proporción de mujeres y hombres en las instituciones y en las ramas de conocimiento. No obstante, no han estado apoyados por el desarrollo de estrategias, políticas y programas que representen una verdadera institucionalización en el enfoque de género.

En todas las instituciones educativas existe lo que se denomina un currículum oculto de género, que consiste en una serie de recursos textuales y simbólicos generalizados y sexistas que se transmiten en la escuela y que refuerzan la discriminación femenina de manera poco visible; a pesar de que en el sistema educativo se atiende a conceptos aparentemente neutros como el rendimiento, la capacidad y las competencias, en ellos subyacen ideas y principios que no son neutrales, que construyen y justifican un discurso sobre aprovechamiento y recompensas que obvian los impedimentos estructurales que afectan al progreso o igual desempeño de las capacidades de las mujeres, reproduciendo la desigualdad.

Importante

En función de las concepciones sexistas que perduran en las instituciones escolares, se transmite mediante la socialización escolar una serie de estereotipos de género que fomentan y refuerzan las concepciones de masculinidad y feminidad tradicionales.

Para la superación del currículum oculto sexista en el ámbito escolar, ya sea en los estamentos de la educación elemental o en ámbitos de educación superior, habrá que hacer una revisión a fondo de las situaciones cotidianas y prácticas de cada una de las instituciones desde el punto de vista de género para superar los elementos asociados a la cultura patriarcal y permitir el desarrollo en condiciones igualitarias. Con este objetivo se analizarán en los apartados siguientes diferentes normativas que van a tratar de trabajar el género de forma transversal en todas las áreas de la sociedad, incluida la educativa.

Definición

Transversalidad de género
La transversalidad de género deriva del concepto anglosajón de *mainstreaming* de género y hace referencia al enfoque integrado de género que, de forma transversal, se incorpora a todas las políticas sociales.

5. Identificación de las organizaciones y manejo de documentos base y normativa vigente de carácter internacional, europeo, estatal, de las CC. AA. y local

A lo largo de este apartado se verá de forma específica la normativa que conforma la base de los sistemas internacionales, europeo y español para asegurar la igualdad de oportunidades entre hombres y mujeres en materia laboral. Por último, se verá la forma en que las comunidades autónomas y entidades locales recogen dichas normativas.

5.1. Informes anuales. Declaraciones conjuntas. Estrategia para el empleo de referencia, estrategia para la igualdad efectiva de mujeres y hombres de referencia y normativa comunitaria. Leyes para la igualdad efectiva de mujeres y hombres. Estrategias, Planes y/o Programas para el empleo y la igualdad efectiva de mujeres y hombres

En la siguiente tabla se podrá ver, a modo de resumen y con el objeto de establecer una clara clasificación, el desarrollo normativo en materia de igualdad de género y oportunidades laborales en los ámbitos internacionales, europeos y nacionales.

Normativa Internacional
Convención sobre la Eliminación de todas las formas de Discriminación Contra las Mujeres (CEDAW). Constituye el primer tratado internacional que incorpora los derechos de las mujeres, que es adoptada por las Naciones Unidas en 1979. Supone un primer paso, aunque no es hasta la Cumbre de los Derechos Humanos de 1993 cuando se reconoce explícitamente como parte integrante indivisible de los Derechos Humanos. Constituye además el primer instrumento internacional donde se hace explícitamente referencia a la situación de las mujeres rurales (artículo 14). Esta convención obliga a los estados miembros a tomar medidas para asegurar, en condiciones de igualdad, la participación de las mujeres en el desarrollo rural, así como la mejora en el acceso de las mismas a la alimentación, salud, educación, capacitación y oportunidades laborales.
Declaración sobre el Derecho al Desarrollo. Esta declaración es adoptada por la Asamblea General de Naciones Unidas en su resolución 41/128, de 4 de diciembre de 1986, en ella se reconoce que el desarrollo es "un proceso global económico, social, cultural y político, que tiende a la mejora constante del bienestar de toda la población y de todos los individuos sobre la base de su participación activa, libre y significativa en el desarrollo y en la distribución justa de los beneficios que de él se deriven". La resolución afirma que el Derecho al Desarrollo es un Derecho Humano inalienable y que la igualdad de oportunidades en el desarrollo es una prerrogativa tanto de los Estados como de los individuos que los componen.
Declaración de Río sobre Medio Ambiente y Desarrollo. Firmada en la Cumbre Mundial sobre la Tierra de 1992, incorpora el término "desarrollo sostenible" que se define como el "proceso que logra satisfacer las necesidades actuales de los seres humanos sin comprometer los recursos y oportunidades de las futuras generaciones". Su Principio 20 reconoce que las mujeres desempeñan un papel fundamental en el desarrollo y en la ordenación del medioambiente, considerando imprescindible su plena participación para alcanzar un desarrollo sostenible.

Normativa Internacional
IV Conferencia Mundial de Mujeres, celebrada en 1995 en Beijing. Dicha conferencia marcará un hito, ya que se pone de relieve que el cambio de la situación de las mujeres es un tema en el que se tiene que implicar la sociedad en su conjunto y se considera, por primera vez, que su tratamiento no puede ser sectorial sino que debe integrarse en el conjunto de políticas públicas.
Agenda 2030 para el desarrollo sostenible. Los objetivos del Desarrollo Sostenible son 17 objetivos mundiales enunciados por el Programa de las Naciones Unidas para el Desarrollo (PNUD), se basan en los logros de los Objetivos del Milenio (Naciones Unidas, 2000); entre estos 17 objetivos en el número 5 se encuentra el objetivo de "Igualdad de Género" que se centra en poner fin a toda discriminación a nivel mundial contra mujeres y niñas, no solo para garantizar los derechos humanos básicos, sino también como medio para acelerar el desarrollo sostenible.

Continúa en página siguiente >>

<< Viene de página anterior

Normativa Europea
La igualdad de trato y oportunidades entre mujeres y hombres también constituye un valor fundamental de la Unión Europea (UE), recogido en los artículos 2 y 3 del **Tratado de la Unión Europea (Maastricht, 1992)**, en los artículos 8, 153 y 157 del **Tratado de Funcionamiento de la Unión Europea** y en los artículos 21 y 23 de la **Carta de los Derechos Fundamentales.**
En marzo de 2010, para conmemorar el 15° aniversario de la Declaración y de la Plataforma de Acción de Pekín y el 30° aniversario de la Convención de las Naciones Unidas sobre la Eliminación de todas las Formas de Discriminación contra la Mujer, la Comisión Europea adoptó la **Carta de la Mujer,** en la que renueva su compromiso por la igualdad entre mujeres y hombres e insiste en la necesidad de incorporar la igualdad de trato y oportunidades, de forma transversal, en todas sus políticas.
Tratado de Roma (1957). En el artículo 119 del tratado de constitución de la Unión Europea (el artículo 141 de la versión consolidada por el tratado de Ámsterdam 1997), se establece el principio de igualdad en la retribución entre trabajadoras y trabajadores que realizan el mismo trabajo, prohibiendo la discriminación salarial por razón de sexo.
Directiva 2006/54/CE del Parlamento Europeo y del Consejo, de 5 de julio de 2006, relativa a la aplicación del principio de igualdad de oportunidades e igualdad de trato entre hombres y mujeres en asuntos de empleo y ocupación (refundición). Esta normativa tiene disposiciones para aplicar el principio de igualdad de trato en: el acceso al empleo y a la formación profesional, las condiciones de trabajo, y los regímenes profesionales de la Seguridad Social.
Resolución del Consejo de 2 de diciembre de 1996. Sobre la integración del principio de igualdad de oportunidades entre mujeres y hombres en los Fondos Estructurales Europeos, subrayó la necesidad de combatir la desigualdad de oportunidades entre mujeres y hombres en el empleo, la formación, el acceso al mercado laboral y la participación en los procesos de toma de decisiones.

Normativa Europea
Tratado de Ámsterdam (1997). Por el que se modifican el Tratado Constitutivo de la Unión Europea, los tratados constitutivos de las Comunidades Europeas y determinados actos conexos –ratificado en España por Ley Orgánica 9/1998 de 16 de diciembre-, se convirtió en la nueva normativa legal de la Unión Europea. En sus artículos 2 y 3 establece como misión "eliminar las desigualdades entre hombres y mujeres" y "promover su igualdad, introduciendo este principio en todas las políticas y en todos los programas", planteamiento que supone una transformación cualitativa trascendental en las nuevas formas y modos de hacer política dentro de la Unión Europea.

Continúa en página siguiente >>

<< Viene de página anterior

Dictamen del Comité Económico y Social sobre el tema "las mujeres y la pobreza en la Unión Europea". En dicho dictamen se establecen las siguientes recomendaciones:

- El intercambio de experiencias relacionadas con las mujeres y la pobreza (sistemas de pensiones, sistemas de protección social, embarazo adolescente, supresión de la violencia de género o encarcelación femenina, etc.).
- Complementar los objetivos de empleo de la Estrategia de Lisboa con políticas que garanticen que las mujeres con mayor riesgo de pobreza adquieran las aptitudes requeridas por el mercado laboral, fomenten un empleo de calidad y supriman la brecha salarial de género, contribuyendo así a garantizar la protección social de las mujeres en todas las etapas de su vida.

Directiva 2000/78/CE del Consejo de 27 de noviembre. Relativa al establecimiento de un marco general para la igualdad de trato en el empleo y la ocupación. El objetivo de esta directiva será luchar contra la discriminación –ya sea por motivos de religión, discapacidad, edad u orientación sexual- en el acceso al empleo y a la ocupación, la promoción y la formación profesional, las condiciones de empleo y de ocupación y la pertenencia o participación en determinadas organizaciones. La Directiva reconoce y valida la diferencia de trato en tres situaciones especiales: exigencias profesionales esenciales, diferencias de trato basadas en la edad que garanticen la protección de derechos y las acciones positivas para prevenir o compensar desventajas.

Reglamento (UE) n ° 1305/2013 del Parlamento Europeo y del Consejo, de 17 de diciembre de 2013, relativo a la ayuda al desarrollo rural a través del Fondo Europeo Agrícola de Desarrollo Rural (Feader) y por el que se deroga el Reglamento (CE) n ° 1698/2005 del Consejo. En su art. 1 se regula *"el contexto estratégico de la política de desarrollo rural y define las medidas que deben ser adoptadas para ejecutar la política de desarrollo rural. Además establece normas sobre programación, trabajo en red, gestión, seguimiento y evaluación con arreglo a responsabilidades compartidas entre los Estados miembros y la Comisión, y establece las normas para garantizar la coordinación del Feader con otros instrumentos de la Unión."*

Normativa Europea

Reglamento (UE) n ° 1303/2013 del Parlamento Europeo y del Consejo, de 17 de diciembre de 2013, por el que se establecen disposiciones comunes relativas al Fondo Europeo de Desarrollo Regional, al Fondo Social Europeo, al Fondo de Cohesión, al Fondo Europeo Agrícola de Desarrollo Rural y al Fondo Europeo Marítimo y de la Pesca, y por el que se establecen disposiciones generales relativas al Fondo Europeo de Desarrollo Regional, al Fondo Social Europeo, al Fondo de Cohesión y al Fondo Europeo Marítimo y de la Pesca, y se deroga el Reglamento (CE) n ° 1083/2006 del Consejo.

Continúa en página siguiente >>

<< Viene de página anterior

Informe (2007/2117 (INI)) sobre la situación de la mujer en las zonas rurales de la Unión Europea. Considera imprescindible integrar el enfoque de género en la Política de desarrollo rural, no solamente para promover la igualdad entre hombres y mujeres sino también para alcanzar el desarrollo sostenible del medio rural. Para ello, solicita a los Estados miembros que adopten las medidas oportunas para favorecer la incorporación de las mujeres a los procesos de desarrollo, para mejorar su calidad de vida y para fomentar la incorporación laboral y la participación en igualdad de condiciones en todos los órganos de decisión.
Resolución del Parlamento Europeo, de 11 de junio de 2013, sobre la movilidad educativa y ocupacional de las mujeres en la UE (2013/2009(INI)). Que pretende fomentar y garantizar la movilidad de las mujeres en el mercado de trabajo y educativo de la Unión Europea, promoviendo medidas que faciliten el acceso a dicha movilidad.
Resolución del Parlamento Europeo, de 5 de abril de 2011, sobre el papel de las mujeres en la agricultura y las zonas rurales. Dedicado a garantizar la calidad de vida y promocionar el empleo femenino en las zonas rurales, considerando a las mujeres como sujetos fijadores de la población a las zonas rurales, y evitando así la despoblación de dichas zonas.
Estrategia Europea para la igualdad de Género 2020-2025. Define los objetivos políticos y las acciones adecuadas para lograr la igualdad de género en Europa y alcanzar los ODS. A través de esta estrategia se quiere conseguir la libertad de decisión en las mujeres, la igualdad de oportunidades y la libre participación en la economía y en la sociedad. También implica la integración de la perspectiva de género, la interseccionalidad y la financiación para apoyar proyectos de igualdad de género.
Normativa Nacional
Constitución Española de 1978. En su artículo 14 establece que la población española es igual ante la ley, "sin que pueda prevalecer discriminación alguna por razón de nacimiento, raza, sexo, religión, opinión o cualquier otra condición o circunstancia personal o social". El artículo 9.2 señala que es a los poderes públicos a quienes corresponde "promover las condiciones para que la libertad y la igualdad de las personas y de los grupos en que se integra sean reales y efectivas; remover los obstáculos que impidan o dificulten su plenitud y facilitar la participación de todos los ciudadanos en la vida política, económica, cultural y social".
Ley 30/2003, de 13 de octubre, sobre medidas para incorporar la valoración del impacto de género en las disposiciones normativas que elabore el Gobierno. En consonancia con los principios ratificados en los acuerdos surgidos de la plataforma de acción de Beijing, como con la Comisión Europea se establece la necesidad de valorar el impacto de género en cada una de las decisiones políticas y actuaciones públicas, como requisito para evitar consecuencias negativas no intencionadas que favorezcan y reproduzcan la discriminación entre hombres y mujeres.

Continúa en página siguiente >>

<< Viene de página anterior

Ley Orgánica 1/2004, de 28 de diciembre, de Medidas de Protección Integral contra la Violencia de Género. A través de esta ley se instrumentan medidas para prevenir y eliminar la violencia de género entendida como: "toda manifestación de la discriminación, la situación de desigualdad y las relaciones de poder de los hombres sobre las mujeres"; ya sea violencia física o psicológica, agresión sexual, amenazas, coacciones o privación de libertad.

Ley 39/2006, de 14 de diciembre, de Promoción de la Autonomía Personal y Atención a las personas en situación de dependencia. En base a esta ley se van a regular las condiciones básicas necesarias para las personas que necesitan apoyos para desarrollar las actividades esenciales de la vida diaria. Se establece la creación de un sistema de atención a la dependencia con la colaboración y participación de todas las administraciones públicas, donde la cooperación y coordinación con las comunidades autónomas es esencial. En la presente ley se establecen diferentes medidas y se presta especial atención a la condición de los/as cuidadores/as desde la perspectiva de género.

Ley Orgánica 3/2007, de 22 de marzo, para la igualdad efectiva de mujeres y hombres. En la presente ley se establece el marco normativo básico para acabar con las desigualdades de género existentes en todos los ámbitos de la vida, prevenir conductas discriminatorias y lograr la igualdad real entre hombres y mujeres. Con esta ley se hace transversal el principio de igualdad de género y se hace extensible a todas las políticas públicas, ya sean nacionales, autonómicas o locales. Así, en su artículo 1 cita que los poderes públicos adoptarán medidas específicas a favor de las mujeres para luchar contra situaciones patentes de desigualdad de hecho respecto a los hombres, con el fin de hacer efectivo el derecho constitucional de la igualdad.

Real Decreto Legislativo 8/2015, de 30 de octubre, por el que se aprueba el texto refundido de la Ley General de la Seguridad Social. En esta normativa se regulan acciones protectoras y prestaciones económicas encaminadas a ayudar a la mujer trabajadora en situaciones como el nacimiento y cuidado del menor, riesgo durante el embarazo y la lactancia natural, víctimas de violencia de género y viudedad.

Normativa Nacional

Real Decreto Legislativo 2/2015, de 23 de octubre, por el que se aprueba el texto refundido de la Ley del Estatuto de los Trabajadores. Determina que la autoridad laboral velará por el respeto al principio de igualdad en los convenios colectivos y para ello podrá pedir asesoramiento al Instituto de las Mujeres.

Ley 45/2007, de 13 de diciembre, para el desarrollo sostenible del medio rural. Tiene como finalidad mejorar la situación socioeconómica de las poblaciones de las zonas rurales y el acceso a unos servicios públicos suficientes y de calidad, a través de acciones y medidas multisectoriales. La ley concede una atención preferente a las mujeres y la juventud, de quienes depende en gran medida el futuro del medio rural.

Continúa en página siguiente >>

<< Viene de página anterior

Ley 15/2022, de 12 de julio, integral para la igualdad de trato y la no discriminación. Esta ley sitúa a España entre los Estados de nuestro entorno que cuentan con las instituciones, instrumentos y técnicas jurídicas de igualdad de trato y no discriminación más eficaces y avanzados. Tiene la vocación de convertirse en el mínimo común denominador normativo que contenga las definiciones fundamentales del derecho antidiscriminatorio español y, al mismo tiempo, albergue sus garantías básicas, conscientes de que, en su estado actual, la dificultad en la lucha contra la discriminación no se halla tanto en el reconocimiento del problema como en la protección real y efectiva de las víctimas. En definitiva, no es una ley más de derechos sociales sino, sobre todo, de derecho antidiscriminatorio especifico.

Real Decreto 902/2020, de 13 de octubre, de igualdad retributiva entre mujeres y hombres. Pese a la corrección formal del ordenamiento jurídico español en torno a la cuestión de la retribución que corresponde a hombres y mujeres, existe una notable diferencia retributiva por género que se advierte a partir de instrumentos, tales como el concepto de brecha salarial. Se conoce como brecha salarial entre hombres y mujeres a la diferencia existente entre los salarios percibidos por las personas trabajadoras de ambos sexos, calculada sobre la base de la diferencia media entre los ingresos brutos por hora de todas ellas. Dado que el concepto de brecha salarial no diferencia entre sectores de actividad, ni entre modalidades contractuales es el más adecuado medidor del nivel de discriminación laboral global en un país. La eliminación de la brecha salarial requiere claramente la aplicación de medidas de toda naturaleza porque son múltiples los factores que intervienen.

Otras normativas que considerar. En el ordenamiento jurídico español existen más normas a tener en cuenta, tales como: Ley Orgánica 8/2021, de 4 de junio, de protección integral a la infancia y la adolescencia frente a la violencia; Ley Orgánica 2/2022, de 21 de marzo, de mejora de la protección de las personas huérfanas víctimas de la violencia de género; Ley Orgánica 10/2022, de 6 de septiembre, de garantía integral de la libertad sexual; Ley Orgánica 2/2024, de 1 de agosto, de representación paritaria y presencia equilibrada de mujeres y hombres; Real Decreto-ley 6/2019, de 1 de marzo, de medidas urgentes para garantía de la igualdad de trato y de oportunidades entre mujeres y hombres en el empleo y la ocupación; y Real Decreto 901/2020, de 13 de octubre, por el que se regulan los planes de igualdad y su registro.

Actividades

26. Realice una búsqueda de información sobre el Congreso Internacional de Mujeres de Beijing, ¿qué implicaciones ha tenido a nivel internacional dicho congreso?
27. ¿Se han traspuesto al derecho español todas las normativas comunitarias en materia de género? Argumente su respuesta.

Toda esta legislación se plasmará en el desarrollo de normativa en las comunidades autónomas y las entidades locales; en la siguiente tabla se recoge la normativa referente a cada una de las Comunidades Autónomas, el organismo de referencia en cada una de ellas, las normas y planes de igualdad.

CC. AA.	Organismo de referencia	Normativa en materia de igualdad
Andalucía	Instituto Andaluz de la Mujer.	Ley 12/2007 para la promoción de la igualdad de género en Andalucía. Plan Estratégico para la Igualdad de Mujeres y Hombres en Andalucía 2022-2028.
Aragón	Instituto Aragonés de la Mujer.	Ley 4/2018, de 19 de abril, de Identidad y Expresión de Género e Igualdad Social y no Discriminación de la Comunidad Autónoma de Aragón. Ley 7/2018, de 28 de junio, de igualdad de oportunidades entre mujeres y hombres en Aragón. Ley 18/2018, de 20 de diciembre, de igualdad y protección integral contra la discriminación por razón de orientación sexual, expresión e identidad de género en la Comunidad Autónoma de Aragón. II Plan estratégico para la igualdad entre mujeres y hombres en Aragón (2021-2024).
Cantabria	Dirección General de Igualdad y Mujer.	Ley 2/2019, de 7 de marzo, para la igualdad efectiva entre mujeres y hombres. Decreto 85/2020, de 19 de noviembre, por el que se modifica el Decreto 40/2019, de 21 de marzo, por el que se aprueba la II Estrategia de Transversalidad de Género del Gobierno de Cantabria.
Castilla-La Mancha	Instituto de la Mujer de Castilla-La Mancha.	Ley 12/2010, de 18 de noviembre, de igualdad entre mujeres y hombres en Castilla-La Mancha. II Plan estratégico para la igualdad de oportunidades 2019-2024
Castilla y León	Dirección General de la Mujer.	Ley 1/2003, de 3 de marzo. Ley de Igualdad de Oportunidades entre Mujeres y Hombres en Castilla y León. Plan Estratégico de Igualdad de Género 2022-2025

Continúa en página siguiente >>

<< Viene de página anterior

CC. AA.	Organismo de referencia	Normativa en materia de igualdad
Cataluña	Institut Català de les Dones	Ley 17/2015 de 21 de julio, de igualdad efectiva de mujeres y hombres. Ley 19/2020, de 30 de diciembre, de igualdad de trato y no discriminación.
Ciudad Autónoma de Ceuta	Centro Asesor de la Mujer (CAM).	Ley Orgánica 3/2007, de 22 de marzo, para la igualdad efectiva de mujeres y hombres (la CC. AA. se rige por la normativa nacional).
Ciudad Autónoma de Melilla	Consejo Asesor de la Mujer.	Ley Orgánica 3/2007, de 22 de marzo, para la igualdad efectiva de mujeres y hombres (la CC. AA. se rige por la normativa nacional).
Comunidad de Madrid	Dirección General de Igualdad.	Estrategia Madrileña para la Igualdad de oportunidades entre Mujeres y Hombres 2018-2024.
Comunidad foral de Navarra	Instituto Navarro para la Igualdad.	Ley Foral 17/2019, de 4 de abril, de igualdad entre Mujeres y Hombres. Plan estratégico para la igualdad entre mujeres y hombres 2022-2027.
Comunidad Valenciana	Institut Valencià de les Dones	Ley 9/2003, de 2 de abril, para la Igualdad entre Mujeres y Hombres.
Extremadura	Instituto de la Mujer de Extremadura	Ley 8/2011, de 23 de marzo, de Igualdad entre mujeres y hombres y contra la violencia de género en Extremadura. VI Plan estratégico para la igualdad de mujeres y hombres en Extremadura (2023-2026)
Galicia	Secretaría Xeral da Igualdade	Ley 7/2023, de 30 de noviembre, para la igualdad efectiva de mujeres y hombres de Galicia. VIII Plan Estratégico de Igualdad 2022-2027.
Illes Balears	Institut Balear de la Dona	Ley 11/2016, de 28 de julio, de igualdad de mujeres y hombres. I Plan de Igualdad entre Mujeres y Hombres (2022-2026).
Islas Canarias	Instituto Canario de la Igualdad	Ley 1/2010, de 26 de febrero, canaria de igualdad entre mujeres y hombres.
La Rioja	Centro Asesor de la Mujer	Ley 7/2023, de 20 de abril, de igualdad efectiva de mujeres y hombres de La Rioja.

Continúa en página siguiente >>

<< Viene de página anterior

CC. AA.	Organismo de referencia	Normativa en materia de igualdad
País Vasco	Instituto Vasco de la Mujer, Emakunde.	Decreto Legislativo 1/2023, de 16 de marzo, por el que se aprueba el texto refundido de la ley para la Igualdad de Mujeres y Hombres y Vidas Libres de Violencia Machista contra las Mujeres. Estrategia 2030 para la Igualdad de mujeres y hombres en la CAE.
Principado de Asturias	Instituto Asturiano de la Mujer.	Ley 2/2011, 11 de marzo, para la igualdad de mujeres y hombres y la erradicación de la violencia de género.
Región de Murcia	Consejo Asesor Regional de la Mujer.	Ley 7/2007, de 4 de abril, para la Igualdad entre Mujeres y Hombres, y de Protección contra la Violencia de Género en la Región de Murcia.

En el siguiente apartado se recogerán los principios generales sobre la aplicación de las políticas en materia de género a nivel comarcal, provincial y de comunidades autónomas, a partir de la guía editada por FEMP (Federación Española de Municipios y Provincias) junto con el Ministerio correspondiente, como ejemplo para la utilización de las guías y manuales de referencia para la promoción de la participación económica de las mujeres en el ámbito del empleo.

Actividades

28. Realice un mapa conceptual con las políticas que se han visto en las tablas anteriores.
29. ¿Cuáles de ellas le parecen más relevantes? Justifique su respuesta.

Aplicación práctica

Se encuentra usted trabajando como agente de igualdad en la Comunidad Foral de Navarra. En concreto le ha encargado una zapatería la realización de un plan de igualdad de género. ¿Qué procedimiento debería seguir para su realización? ¿Dónde podrían ofrecerle asesoramiento?

SOLUCIÓN

En primer lugar se debe tener en cuenta que es una PYME, por lo que debería seguir el procedimiento marcado por el IGE (procedimiento para la integración de la igualdad de género en las empresas de Navarra). Para obtener asesoramiento debería acudir al Instituto Navarro para la Igualdad.

6. Utilización de guías y manuales de referencia para la promoción de la participación económica de las mujeres y en el ámbito del empleo, de carácter internacional, europeo, nacional, autonómico y local. Buenas prácticas

A lo largo del apartado anterior se ha plasmado la evolución de las políticas internacionales, comunitarias y estatales en referencia al género y al empleo en concreto, no obstante será necesaria la aplicación de estas políticas a nivel local, comarcal, provincial y de comunidades autónomas, para que estos cambios y normativas propuestas sean asimilables por los individuos. Como medio para la aplicación de las políticas de participación económica y laboral de las mujeres se propone la guía elaborada por Red2Red en colaboración con el Instituto de las Mujeres (entre otros organismos) y bajo el título "Guía de buenas prácticas para la incorporación de la igualdad entre mujeres y hombres en el ámbito local". En esta guía se muestra, en primer lugar, información sobre la realidad local para, a continuación, enunciar los principios y herramientas adecuados en la creación de políticas y desarrollar las estrategias e instrumentos que permiten las prácticas de igualdad. Finalmente, incluye una serie de buenas prácticas locales en materia de igualdad.

Con esta guía se pretende dotar a las corporaciones locales de un manual de referencia metodológica para **aplicar la transversalidad de género en sus políticas públicas.** En los últimos tiempos, estas políticas se rigen por nuevos principios orientadores como el Plan de Recuperación, Transformación y Resiliencia de la Economía, y el Plan Estratégico para la Igualdad Efectiva de Mujeres y Hombres 2022-2025; así como por la Agenda 2030, la transición ecológica y digital, la Estrategia Nacional frente al Reto Demográfico y el proyecto "España 2050".

Los objetivos que persigue la guía son:

- Definir la normativa en materia de transversalidad de género en las políticas públicas locales.
- Mostrar las normas de recogida de información, indicando las fuentes estadísticas disponibles y unas recomendaciones.
- Dar a conocer las estrategias aplicadas por ciertas entidades locales, a modo de Buenas Prácticas.
- Detectar las necesidades y obstáculos cuando se aplican las estrategias de transversalización, especialmente del ámbito rural.
- Proponer propuestas de mejora por parte de las entidades locales.

En el marco normativo nacional, la premisa es **integrar el principio de igualdad entre mujeres y hombres en las políticas locales,** considerando la dimensión positiva (todos y todas somos iguales en deberes y derechos) y la dimensión negativa (prohibición de cualquier tipo de discriminación). Las distintas situaciones de discriminación hacia las mujeres consolidan la desigualdad, lo que ha provocado el nacimiento del concepto de "Igualdad de oportunidades entre mujeres y hombres" con el que se quiere conseguir la igualdad real mediante acciones positivas. La Ley Orgánica 3/2007, de 22 de marzo, para la igualdad efectiva de mujeres y hombres destaca como piedra angular de la legislación vigente en este ámbito, al igual que el III Plan Estratégico para la Igualdad Efectiva entre Mujeres y Hombres (PEIEMH) 2022-2025. El Instituto de las Mujeres, en colaboración con la Federación Española de Municipios y Provincias (FEMP), elabora materiales de referencia para la gestión de las políticas locales en igualdad, como la "Guía para elaborar planes locales de igualdad", la "Guía para la gestión de las políticas locales de igualdad en los gobiernos locales de municipios de menos de 10.000 habitantes" y el "Documento marco para la gestión de las políticas locales de igualdad".

Uno de los valores fundacionales de la Unión Europea es la Igualdad de género. A través de sus distintas acciones normativas (tratados, directivas, convenios, estrategias, programas, etc.) ha ido impulsando la transversalidad de género. En la guía se destaca la **Estrategia para la igualdad de género 2020-2025,** en la que se combina la integración de la perspectiva de género con actuaciones específicas, teniendo como eje principal la interseccionalidad; y la **Carta Europea para la Igualdad de Mujeres y Hombres en la Vida Local,** cuyos principios establecen las bases de la responsabilidad de las entidades locales en la implantación de la igualdad entre hombres y mujeres, en el ámbito de sus competencias.

A nivel internacional (Naciones Unidas), todos los esfuerzos en materia de igualdad están encaminados a conseguir el **Objetivo de Desarrollo Sostenible (Agenda 2030) n.º 5** "Lograr la igualdad entre los géneros y empoderar a todas las mujeres y las niñas", cuyas metas son eliminar todas las formas de discriminación, violencia o prácticas nocivas; valorar los cuidados y el trabajo doméstico no remunerado; conseguir la participación plena y efectiva de las mujeres en los distintos ámbitos de la vida; garantizar el acceso a la salud sexual y reproductiva y sus derechos; proponer reformas que concedan a las mujeres derechos sobre los recursos económicos, la propiedad, la tierra, etc.; mejorar el uso de las TIC como empoderamiento de las mujeres; regular políticas adecuadas para promover la igualdad de género.

Importante

El Plan de Aceleración Global para la Igualdad de Género (París, 2021) desarrolla un conjunto de acciones hasta el año 2026 orientadas a conseguir un impacto tangible en la igualdad de género y en los derechos de las mujeres, abordando cuestiones como la violencia de género, la justicia y derechos económicos, los derechos sexuales y reproductivos, la acción feminista para la justicia climática, la tecnología e innovación para la igualdad de género, y los movimientos y liderazgos feministas.

En el desarrollo de las políticas locales de igualdad hay que tener en cuenta una serie de conceptos claves:

- **Enfoque feminista:** considera la igualdad entre mujeres y hombres como un derecho fundamental. Este enfoque es el que permite la intervención desde cualquier nivel político. El movimiento feminista ha sabido crear conciencia en la población para que demande a la administración pública más implicación en este ámbito.
- **Interseccionalidad:** no considera al conjunto de mujeres y de hombres como grupos homogéneos, sino que las situaciones en cuanto al género se diferencian según su intersección con otras variables como, por ejemplo, el hábitat, en el que las mujeres de pequeñas poblaciones y de ámbito rural suelen tener mayores dificultades que las de las grandes urbes.
- **Perspectiva de género y políticas de igualdad:** en la aplicación de las políticas de igualdad se consideran los siguientes aspectos:

  - Garantizar la igualdad de trato.
  - Incorporar la equidad de género.
  - Intervenir de una forma planificada y transversal.
  - Reconocer que si no se tiene en cuenta la discriminación y sus mecanismos de reproducción, las desigualdades se consolidan.

- **Sexo y género:** tener claros estos conceptos son fundamentales para comprender la realidad social que transformar con las políticas de igualdad. Sexo hace referencia a las características biológicas que clasifican a las personas entre mujeres u hombres y, género, se utiliza para comprender la interpretación de la diferencia sexual de cada persona.
- **Transversalidad de género o enfoque integrado de género:** supone superar el concepto de que las políticas de igualdad de género son una responsabilidad específica de un área determinada; por ello, la entidad local debe asumir que la responsabilidad es de todas las áreas y que sus acciones internas han de ir dirigidas a la propia entidad, a la población y a las empresas.

Las actuaciones de las entidades locales en materia de igualdad se han de regir por los **principios generales** incluidos en:

- La Ley Orgánica 3/2007, de 22 de marzo, para la igualdad efectiva de mujeres y hombres (Capítulo I del Título II).
- Los instrumentos de planificación estratégica vigentes:

  - III Plan para la Igualdad de Género en la Administración del Estado.
  - III Plan Estratégico para la Igualdad Efectiva de Mujeres y Hombres (PEIEMH) 2022-2025.

- Las normas autonómicas o locales, en caso de existir.

La guía recomienda que la elaboración del **diagnóstico de género previo al diseño de una política local de igualdad** sea realizada por un equipo de trabajo, para que la información sea adecuada y de calidad, obteniendo además datos sobre las causas y consecuencias de las desigualdades entre hombres y mujeres localizadas. La FEMP y ciertos Institutos de la mujer autonómicos disponen de manuales de referencia para llevar a cabo esta tarea con agilidad. Según la guía, los ámbitos de análisis son:

- **Contexto local de relaciones de género,** con el que se han de obtener datos sobre las desigualdades entre mujeres y hombres desde la propia experiencia de las personas, bajo una perspectiva interseccional y teniendo en cuenta a los colectivos de mujeres más vulnerables. La información tratará sobre los roles de género, estereotipos, expectativas y resistencias, recursos locales, necesidades prácticas relacionadas con las responsabilidades socialmente asignadas por ser mujer y los intere ses estratégicos de las mujeres en la localidad (participación social y política, espacios de poder, brecha digital, etc.).
- **Contexto socioeconómico,** en el que se debe recabar información desagregada por género sobre el entorno local, es decir, los factores que definen el territorio y su entorno, y la posición de la mujer en comparación con el hombre. Además, se han de obtener datos sobre la brecha de género en los ámbitos sociales básicos (indicadores demográficos, tejido social, sectores productivos y situaciones de vulnerabilidad).
- **Contexto institucional,** relacionado con la información que obtener de la entidad local y que tratará sobre su organigrama, la cultura organizativa, los procedimientos de trabajo, la repercusión de las entidades supralocales en el desarrollo de la localidad y de las políticas de igualdad,

la política interna de igualdad hacia las personas trabajadoras de la entidad local, tipos de actuaciones y herramientas de transversalización, identificación de las posibles acciones conjuntas con las políticas estratégicas, y los desafíos de los mecanismos de coordinación entre las distintas administraciones públicas.

Para recoger la información necesaria en los diagnósticos locales de igualdad entre mujeres y hombres, la guía distingue entre la obtención de datos propios a través de técnicas de observación, cualitativas o cuantitativas, de la opinión o experiencia de las personas o de las consultas a expertos/as; y la utilización de fuentes disponibles, tales como:

- **Información estadística** (Instituto Nacional de Estadística, INE):
  - Padrón municipal.
  - Fichas municipales de las oficinas o institutos autonómicos de estadística.
  - Base de datos, como Mujeres en Cifras del Instituto de las Mujeres y Mujeres y Hombres en España del INE.
  - Estadísticas de empleo municipal (SEPE).
  - Información socioeconómica de las oficinas o institutos autonómicos de estadística.

- **Encuestas.** Se pueden consultar en las oficinas o institutos autonómicos de estadística, aunque su disponibilidad varía en función de la CC. AA. A pesar de ello, en la web de los organismos de igualdad autonómicos están disponibles las más importantes. A nivel nacional, se pueden consultar las encuestas del INE, del CIS (Centro de Investigaciones Sociológicos), de la Delegación del Gobierno para la Violencia de Género y del Instituto de las Mujeres.
- **Investigaciones, estudios o informes.** Se recomienda consultar las fuentes más cercanas a la localidad objeto de diagnóstico, ya que no siempre están disponibles estas publicaciones. A pesar de ello, existen las siguientes fuentes:

- Agentes con incidencia directa, como grupos de acción local y grupos de desarrollo rural, organismos de igualdad, agentes sociales, y organizaciones feministas.
- Universidades.
- Centros de investigación (CIS, CSIC, etc.).
- Organizaciones internacionales (ONU mujeres, Instituto Europeo de la igualdad de Género (EIGE), etc.).
- Medios de comunicación.
- Internet.

Las políticas de igualdad que garantizan el derecho a la igualdad de género son implementadas mediante diferentes estrategias. Según la guía, aquellas políticas que ofrecen resultados más óptimos son las que se aplican desde dos estrategias complementarias, las que combinan las políticas específicas y de transversalidad con las estrategias de desarrollo socioeconómico del propio territorio. Esta **estrategia se denomina estrategia dual alineada** y sus componentes son:

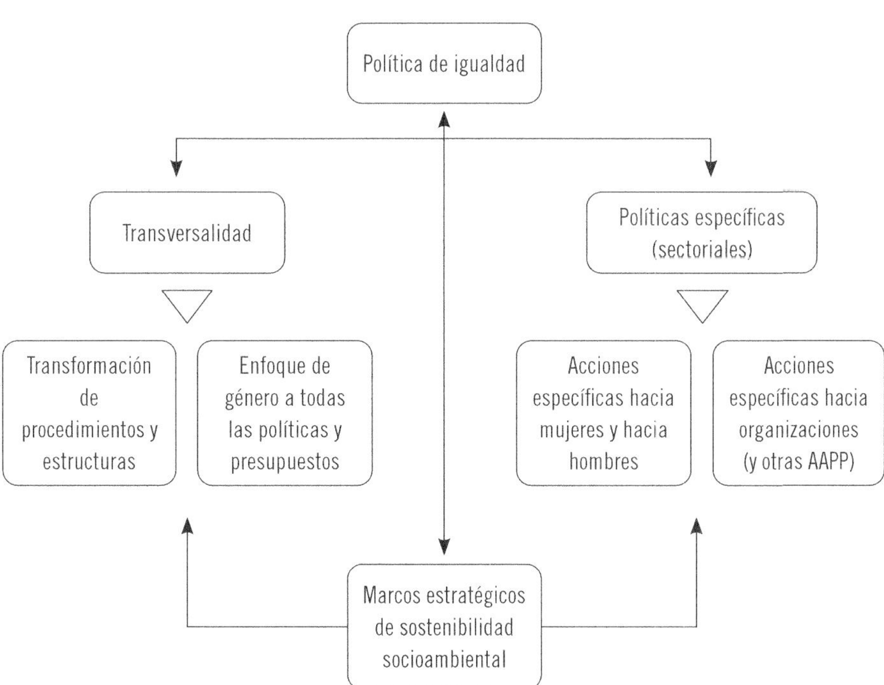

No obstante, en la práctica, las políticas están orientadas a:

- Acciones específicas, que se tratan de actividades comunes de empoderamiento femenino y sensibilización de la población como, por ejemplo, la celebración del día 8 de Marzo.
- Políticas sectoriales dirigidas a temas y ámbitos específicos de desigualdad como empleo, violencia machista, cuidados, conciliación, derechos sexuales, etc.
- Políticas de transversalización de la perspectiva de género en las que se incluyen un grupo de actividades para transformar todas las políticas públicas en su conjunto.

Los instrumentos prácticos para el desarrollo de las políticas de igualdad, según la guía, son los planes de igualdad, las acciones positivas, los presupuestos con enfoque de género y las ordenanzas municipales. El **diseño de las políticas** de igualdad entre mujeres y hombres en el ámbito local se ha de realizar siguiendo los siguientes pasos:

- Compromiso de las personas responsables de la entidad local.
- Comunicación a través de medidas de difusión activa.
- Implicación y participación de los grupos de interés locales.
- Diagnóstico y análisis de la situación de las mujeres en la localidad.
- Consulta y priorización a través de criterios como tiempo, recursos humanos, presupuesto y de técnicas como DAFO o CAME.
- Programación siguiendo su proceso, objetivos y medidas, y presupuesto.
- Definición del sistema de seguimiento y evaluación.
- Visibilidad: aprobación de la planificación y de los resultados obtenidos.
- Implantación y seguimiento.
- Evaluación como aprendizaje de lo conseguido y rendición de cuentas para lograr la sostenibilidad de los procesos.

Actividades

30. Realice una búsqueda sobre casos concretos propuestos como buenas prácticas en género por su comunidad autónoma.
31. ¿Conoce algún ejemplo de buenas prácticas en género a nivel internacional? Si no es así, investigue y coméntelas.

7. Aplicación de los instrumentos vigentes en el ámbito de las políticas públicas para lograr la igualdad efectiva de mujeres y hombres en el empleo

A través de las políticas públicas, tanto a nivel nacional como europeo, se ha definido una serie de estrategias para proporcionar el logro de una igualdad efectiva entre mujeres y hombres en el terreno laboral. Estas políticas se han centrado en tres ejes fundamentales: *mainstreaming* de género, acciones positivas y presupuestos con enfoque de género. A continuación, se verán los principales aspectos relacionados con dichos enfoques.

7.1. *Mainstreaming* de género

Surgido a partir de 1995 con la IV Conferencia Mundial de Mujeres de Beijing, se definió en su Plataforma de Acción el denominado como *Gender Mainstreaming* como estrategia de acción a todos los niveles, con el fin de obtener un mayor impacto en relación al objetivo de superar las discriminaciones sociales de género y alcanzar unos mayores niveles de igualdad.

El *mainstreaming* de género, que se podría traducir como transversalidad de género, puede ser entendido en varios sentidos:

- Como una estrategia encaminada a involucrar a todos los actores sociales en la búsqueda de la igualdad de género.
- También se puede usar para denominar todas aquellas estrategias y herramientas que se usan para el análisis de género.

El *mainstreaming* de género podría entenderse como un enfoque transformador, con un cuerpo teórico propio, que trata de cambiar la forma patriarcal de entender los procesos sociales y establecer criterios y prioridades en la agenda política y social dominante, que tradicionalmente asumen como principal referencia el modelo masculino.

El Grupo de expertas del Consejo de Europa (1999) definen el *mainstreaming* de género como:

> *La organización (reorganización), la mejora, el desarrollo y la evaluación de los procesos políticos, de modo que una perspectiva de igualdad de género se incorpore en todas las políticas, a todos los niveles y en todas las etapas, por los/as actores/as normalmente involucrados en la adopción de medidas políticas.*

Atendiendo a las directrices del Consejo de Europa, Lombardo E. (2006) identifica 5 criterios o principios para la evaluación de los procesos políticos bajo la perspectiva de género:

1. Un cambio en el concepto de igualdad de género, más amplio del existente. Se trata de conseguir no solo la igualdad en la normativa o legislación, sino que esta igualdad se transforme en actos. En palabras del Consejo de Europa se refiere a "una perspectiva de género y no un enfoque limitado a los problemas de las mujeres", tratando el género desde un enfoque multidisciplinar y global que se centre en la transformación del sistema patriarcal actual, que provoca relaciones desiguales en las que las mujeres se encuentran en desventaja en diferentes aspectos sociales como la familia, el trabajo remunerado, la política, la sexualidad, la cultura y la violencia masculina.
2. La incorporación de la perspectiva de género en la agenda política principal. Esta medida se identifica con el tratamiento del género y los problemas de igualdad dentro de todas las tendencias dominantes en la sociedad, siendo dichas directrices las que centren las decisiones sobre las medidas y los recursos para la realización de políticas específicas en todos los ámbitos principales como, por ejemplo, políticas educativas, transporte, medioambiente, sanidad...

3. La igual participación política, económica y social de mujeres y hombres. Se trata como una recomendación asegurar que las mujeres sean parte del *mainstreaming* de género al menos a nivel numérico. Esta medida supone, por un lado, la implicación de la mujer al menos a nivel numérico en el ámbito de la jerarquía política, asimismo invita a la participación masculina en los ámbitos relacionados con la reproducción social.
4. Un cambio en las culturas institucional y organizativa implica al menos tres tipos de cambio: en el proceso político, en los mecanismos políticos, en los actores políticos:

   - Un cambio en el proceso político. En base al Consejo de Europa "el cambio político reconstruye para que los actores comúnmente involucrados tengan en cuenta una perspectiva de género y se alcance la meta de la igualdad de género", este cambio va a implicar actividades de educación y formación en materia de género a todos los actores políticos y administrativos para la sociedad.
   - El cambio en los mecanismos políticos implicará dos condiciones: una cooperación horizontal en asuntos de género en todos los ámbitos y el uso de herramientas y técnicas adecuadas para integrar la variable de género en todas las políticas, hacer un seguimiento y evaluar estas últimas desde la perspectiva de género.
   - Un cambio en los actores que participan en el proceso político, incluyendo a expertos en igualdad de género, el movimiento feminista y la sociedad civil.

5. El quinto criterio para que el *mainstreaming* de género alcance el principio de elemento social transformador va a requerir tanto el *mainstreaming* de la diversidad y no solo del género, como el empoderamiento de las mujeres. Para el logro de este objetivo se precisa la creación de un espacio para la expresión de diversas posiciones feministas, según el modelo de los foros mundiales de las mujeres organizados por las Naciones Unidas.

Actividades

32. Realice una comparativa entre las perspectivas que se acaban de ver en *mainstreaming* de género y las políticas europeas en materia de igualdad. ¿Qué semejanzas puede encontrar entre ellas?

De forma general se podría decir que las estrategias anteriores al *mainstreaming* de género se centraban en enmarcar los problemas de las mujeres dentro de los enfoques vigentes y con el *mainstreaming* se cuestionan dichas estrategias y enfoques para que sean más justas e igualitarias.

Nota

El concepto de *mainstreaming* o transversalidad de género se va a encontrar ligado al de empoderamiento o *empowerment,* que va a buscar la participación calificada de las mujeres en el debate acerca de la visión del desarrollo y de las concepciones de la modernización, asimismo en la discusión sobre las estrategias adecuadas para la transformación.

Las implicaciones del *mainstreaming* de género se podrían resumir en los siguientes puntos:

- El género se pone en relación con la diversidad, reconociendo las implicaciones de este en las dimensiones de clase, etnia, raza y orientación sexual.
- La transversalidad de género implica a ambos géneros, por lo que se incluye la masculinidad y sus diversidades en el análisis de género, en relación a la toma de decisiones políticas.

- En el enfoque *mainstreaming* se articulan la dimensión técnica y política. No obstante, ambas se encontrarán relacionadas con un modelo participativo democrático.
- El enfoque de *mainstreaming* implica transformaciones en los procesos de diseño e implementación de políticas públicas, requiriendo en ellos procedimientos democráticos e inclusivos para que den cabida a la multiplicidad de diversidades.
- El concepto de transversalidad va a implicar un cambio necesario en la jerarquía y burocratización de la toma de decisiones políticas, implantando la coordinación entre redes horizontales y de cooperación de las diversas instancias al interior del estado para el diseño y la gestión de políticas.
- El enfoque de género asimismo va a requerir de una revisión y evaluación permanente.

En resumen, se podría decir que el *mainstreaming* de género supone la adopción de un enfoque transformador que actúe de forma transversal en los sistemas políticos con el objetivo de impregnar las políticas de las diversas dimensiones que generan desigualdad. Para ello, el *mainstreaming* se vale de diferentes herramientas y estrategias, como los informes de impacto de género y la generación de estadísticas desagregadas por sexo e involucra a los Estados en sus diferentes agencias, departamentos o actores sociales que constituyen los sistemas de toma de decisiones.

Actividades

33. Señale las semejanzas y diferencias entre los términos de *mainstreaming* de género y *gender empowerment.*

7.2. Acciones positivas

El concepto de acciones positivas en el ámbito laboral estará firmemente ligado al denominado techo de cristal, concepto que ya se ha visto en apartados anteriores. Se basa en la necesidad de poner freno a las discriminaciones indirectas o invisibles, lo que se traduce en la toma de acciones que promocionen la paridad.

Bajo la premisa de la desigualdad real existente en cuanto al acceso a los recursos, el poder de los amigos, el tiempo disponible y los modelos de socialización, lo que también se denomina sistema de cooptación, las acciones positivas van a constituir un intento de contrarrestar dichas desigualdades y desmasculinizar los sistemas existentes. Vinculado a las acciones positivas surge el concepto de democracia paritaria, una vez se ha certificado la importancia de los números en democracia, es decir, la importancia de aumentar la cantidad relativa de mujeres para que se produzca un verdadero cambio cualitativo en las relaciones de poder.

Nota

El cambio en las relaciones de poder será el objetivo determinante de las acciones positivas y las democracias paritarias.

En las democracias occidentales contemporáneas, como la de España, se da una situación paradójica, por un lado existe una igualdad formal con respecto a las leyes, no obstante esa igualdad "en el papel" no es correspondida por una situación de igualdad real; la presencia más numerosa de mujeres en la política ha sido posible gracias a la ley de cuotas, en primer lugar, a la aplicación del principio de paridad por parte de algunos partidos a partir de los años 90, y a la publicación de la ley de paridad (Ley Orgánica 2/2024, de 1 de agosto), pero el resto de los indicadores de género muestran una desigualdad latente.

Actividades

34. ¿A qué se denomina "listas en cremallera"? ¿Existen esas listas en España actualmente?

Como ya se ha mencionado anteriormente, los números en democracia importan, el hecho de que exista una desigualdad en cuanto al número de mujeres que participa en los órganos de poder político y administrativo y en los estratos más altos de los ámbitos laborales es un dato obvio, teniendo en consideración los datos segregados por sexo que se han podido ver en los apartados anteriores. Lo que no es tan obvio es que a partir de determinadas proporciones o cantidades se puedan producir formas cualitativamente nuevas, es decir, capaces de producir cambios significativos en las organizaciones sociales.

En la Declaración de Atenas de 1993 se establece "cambiar la estructura de los procesos de decisión con el fin de asegurar la igualdad en la práctica", es decir, aumentar las cifras de participación política femenina, para a partir de ahí transformar la práctica política, feminizándola.

Las acciones positivas están recogidas en la Ley Orgánica para la Igualdad Efectiva de Mujeres y Hombres, en el artículo 11, de dos formas:

1. En la adopción de medidas específicas por parte de los poderes públicos a favor de las mujeres para corregir situaciones patentes de desigualdad de hecho respecto de los hombres. Dichas medidas serán aplicables en tanto que persistan las desigualdades y deberán ser proporcionadas y razonables en relación con el objetivo que se persiga.
2. Se indica asimismo que las personas físicas y jurídicas privadas podrán adoptar este tipo de medidas en los términos establecidos en la presente ley.

La Ley integral para la igualdad de trato y la no discriminación define, en su artículo 6.7, las medidas de acción positiva como: *Se consideran acciones positivas las diferencias de trato orientadas a prevenir, eliminar y, en su caso, compensar cualquier forma de discriminación o desventaja en su dimensión colectiva o social. Tales medidas serán aplicables en tanto subsistan las situaciones de discriminación o las desventajas que las justifican y habrán de ser razonables y proporcionadas en relación con los medios para su desarrollo y los objetivos que persigan.*

El III Plan Estratégico para la Igualdad Efectiva de Mujeres y Hombres 2022-2025, en su eje 2 persigue en la línea de trabajo EV.1. "Empleo: construyendo un mercado laboral de calidad y en igualdad para las mujeres" dos objetivos específicos dirigidos a la igualdad entre mujeres y hombres en el ámbito laboral. Cada uno de ellos incluye un conjunto de objetivos operativos, que se muestran a continuación.

EV.1.1. Promover un empleo sin desigualdades y discriminaciones de género.

- *EV.1.1.1. Impulsar medidas dirigidas a potenciar acceso al empleo de las mujeres, especialmente de aquellas con mayores dificultades de inserción laboral.*
- *EV.1.1.2. Mejorar las condiciones laborales de las mujeres reduciendo la temporalidad, parcialidad y en general la precariedad laboral que las afecta mayoritariamente, y prestando especial atención a los trabajos feminizados, entre otros, los trabajos remunerados de cuidados y aquellos que se desarrollan en el sector primario.*
- *EV.1.1.3. Reforzar la actuación con perspectiva de género de la Inspección de Trabajo y Seguridad Social e intensificar las actuaciones en garantía de cumplimiento de previsiones legales sobre infracciones laborales en materia de igualdad.*
- *EV.1.1.4. Apoyar el emprendimiento de mujeres promotoras de empleo y autoempleo, con especial atención a las mujeres de ámbitos rurales y zonas en declive demográfico, del sector primario y de otros de la economía digital y verde, así como a las mujeres migrantes y/o racializadas susceptibles de discriminación interseccional, y a la creación de empresas lideradas por mujeres en el ámbito científico-tecnológico, digital y en la economía medioambiental, entre otras.*
- *EV.1.1.5. Impulsar la titularidad femenina de las explotaciones agrarias y ganaderas a través de la aplicación efectiva de la Ley 35/2011.*
- *EV.1.1.6. Fomentar la presencia de mujeres en áreas científico-tecnológicas y en los sectores más avanzados e intensivos científico-técnicos ligados, prioritariamente, a la economía verde.*

- *EV.1.1.7. Avanzar en la erradicación de las desigualdades de género que persisten en el ámbito de la investigación eliminando las barreras y sesgos de género que dificultan el acceso y progreso en la carrera investigadora en igualdad de condiciones.*

EV.1.2. Promover empresas y administraciones responsables con la igualdad de género.

- *EV.1.2.1. Impulsar la adopción de medidas efectivas para acabar con la brecha de género en salarios y pensiones, por parte de las empresas y administraciones.*
- *EV.1.2.2. Promover la puesta en marcha de planes efectivos para la igualdad entre mujeres y hombres en empresas y entidades privadas, velando por el compromiso en la fase de negociación como elemento clave para la materialización de la igualdad real y efectiva en el trabajo.*
- *EV.1.2.3. Fomentar el establecimiento y adecuada aplicación de protocolos y de medidas específicas para prevenir el acoso sexual y el acoso por razón de sexo en el trabajo en empresas, otras entidades privadas y administraciones.*
- *EV.1.2.4. Impulsar la igualdad de género a través de la Responsabilidad Social Empresarial, del fomento de una cultura empresarial que promueva sistemas de organización, liderazgo y dirección de mayor horizontalidad y cooperación, y mejorando el alcance del Distintivo empresarial en materia de igualdad como mecanismo de reconocimiento a las empresas destacadas por la aplicación de políticas de igualdad, mediante supervisión una vez otorgado de que se mantienen las condiciones, y siempre que las empresas no hayan sido sancionadas administrativamente o exista sentencia condenatoria por vulnerar derechos fundamentales, en especial el derecho a la igualdad.*
- *EV.1.2.5. Impulsar medidas para romper el techo de cristal en las empresas y administraciones, particularmente en los consejos de administración de las empresas y en los puestos ejecutivos de dirección, así como en los organismos internacionales.*

Nota

Para conseguir los objetivos operativos que se persiguen en la línea de trabajo EV.1. los Ministerios asignados y sus organismos adscritos aplicarán una serie de medidas concretas recogidas en el Plan Estratégico.

7.3. Presupuestos con enfoque de género

Existen múltiples denominaciones para los presupuestos con enfoque de género, tales como "presupuestos sensibles al género", "presupuestos de género", "presupuestos de mujeres" y "estados de presupuestos de mujeres". Todos ellos hacen referencia a una serie de herramientas y procesos que persiguen facilitar la evaluación de los impactos de género en los presupuestos generales de los estados.

Tradicionalmente, se ha asumido que los presupuestos y políticas públicas por parte de los gobiernos afectan a todos los ciudadanos de una manera más o menos igualitaria, sirviendo al interés público y a las necesidades generales de las personas, no obstante, como se ha comprobado en los datos desagregados por sexo que se han visto anteriormente, esta aparente neutralidad no es tal. Las tarifas, las relaciones industriales, los impuestos, la educación, el empleo o la política industrial impactan en las mujeres, debido a su ubicación diferente dentro de la familia y la economía.

Un presupuesto sensible al género toma los compromisos del Gobierno en materia de género y los convierte en compromisos presupuestarios. El objetivo de los presupuestos sensibles al género es alimentar los debates sobre políticas y asegurar la asignación apropiada del gasto público y los impuestos.

En España la Ley Orgánica 3/2007, de 22 de marzo, para la Igualdad Efectiva de Mujeres y Hombres, establece, en su artículo 17, que el Gobierno, en materias que sean objeto de competencia del Estado, aprobará periódicamente un Plan estratégico de Igualdad de oportunidades que incluirá medidas para alcanzar el objetivo de igualdad entre hombres y mujeres y eliminar la discriminación por razón de sexo.

Por otro lado, la Ley 30/2003, de 13 de octubre, sobre las medidas para incorporar la valoración de impacto de género en las disposiciones normativas que elabore el Gobierno, introdujo la obligación de que todos los proyectos normativos estén acompañados de un informe de impacto por razón de género de las medidas que se establecen en el mismo. También la Ley Orgánica para la Igualdad Efectiva de Mujeres y Hombres introdujo, en su artículo 19, que los proyectos de disposiciones de carácter general y los planes de especial relevancia económica, social y artística que se sometan a la aprobación del Consejo de Ministros deberán incorporar un informe sobre su impacto por razón de género.

En el Real Decreto 931/2017, de 27 de octubre, por el que se regula la Memoria del Análisis de Impacto Normativo, cuyo objetivo es asegurar el ejercicio de la iniciativa legislativa y la potestad reglamentaria, de acuerdo con los principios de buena regulación, garantizando de modo adecuado la participación de los ciudadanos en la elaboración de las normas, reforzando la seguridad jurídica y la evaluación periódica del ordenamiento jurídico, incluye la perspectiva de género en los siguientes apartados:

1. Con respecto al impacto económico y presupuestario de las normas se tendrá en cuenta:

   Impacto por razón de género, en la infancia y adolescencia y en la familia. El impacto de género analizará y valorará los resultados que se puedan seguir de la aprobación del proyecto desde la perspectiva de la eliminación de desigualdades y de su contribución a la consecución de los objetivos de igualdad de oportunidades y de trato entre mujeres y hombres, a partir de los indicadores de situación de partida, de previsión de resultados y de previsión de impacto recogidos en la Guía Metodológica. Asimismo, se realizará un análisis de los impactos en la infancia y adolescencia, y en la familia.

2. En la memoria abreviada de las diferentes normas se incluirá el impacto de género de la siguiente forma:

   La memoria abreviada deberá incluir, al menos, los siguientes apartados: oportunidad de la norma; identificación del título competencial prevalente; listado de las normas que quedan derogadas; impacto presupuestario y por razón de género, así como otros impactos detectados que se juzguen relevantes; descripción de la tramitación y consultas realizadas. También se incluirá una descripción de la forma en la que se analizarán, en su caso, los resultados de la aplicación de la norma de acuerdo con lo previsto en la letra j) del apartado 1 del artículo anterior. A este respecto la Guía Metodológica incluirá indicaciones del contenido preciso de la memoria abreviada.

3. Por último, se recoge también para la creación de los Anteproyectos de Presupuestos Generales del Estado, donde se deberá incluir el impacto

de género para todos aquellos proyectos o planes que tengan para el Estado una especial relevancia económica, social, cultural y artística.

Asimismo, cada uno de los ministerios se divide en secciones de gasto. Para estas secciones se realiza un análisis que contiene los siguientes apartados:

- Contenido y finalidad del programa.
- Identificación de objetivos y actuaciones en materia de igualdad de oportunidades. Donde se especifican los objetivos y se identifican las normas y planes, así como las actuaciones previstas.
- Análisis del impacto de género. Donde se realiza un diagnóstico de la situación de partida y se desarrolla una provisión de los resultados.

Actividades

35. Realice una búsqueda sobre el informe de impacto de género correspondiente a este año en el Gobierno de España. Detalle los aspectos que considere más relevantes de dicho informe y justifique su respuesta.

8. Aplicación de instrumentos para la promoción de la igualdad efectiva de mujeres y hombres en las empresas

En el caso de España, es destacable la Ley Orgánica para la Igualdad Efectiva de Mujeres y Hombres, puesto que supuso una importante modificación en todas las materias relacionadas con la igualdad en el ámbito de la relación laboral individual, además de abrir nuevos campos a los ámbitos de la negociación colectiva. Dicha ley también ha regulado el marco legal de la negociación colectiva, cuyo elemento principal se centra en el deber de negociar planes de igualdad por parte de determinadas empresas (empresas superiores a 50 trabajadores), aunque desde la óptica jurídica dicho deber afecta a todas las empresas.

Importante

El Ministerio de igualdad ha puesto a disposición de las empresas la siguiente herramienta: https://www.igualdadenlaempresa.es/. Con este servicio, el Instituto de las Mujeres pretende apoyar, de forma integral, el diseño y la elaboración de planes y medidas de igualdad en las empresas y en otras entidades.

Hasta la aparición de la presente ley los convenios colectivos, entendidos como conjuntos de normas reguladoras de los sujetos colectivos, las relaciones colectivas y los conflictos colectivos se habían mantenido al margen del principio de igualdad entre mujeres y hombres, atendiendo a una supuesta neutralidad que no ha hecho sino dificultar el proceso para la asimilación de dicho principio.

Actividades

36. Busque las diferencias relativas a las acciones de género en dos convenios colectivos del sector de hostelería antes y después de la entrada en vigor de la LOIEMH.
37. Señale en el convenio de hostelería actual aquellos elementos que desde su punto de vista deberían mejorarse para atender al principio de *mainstreaming* de género.

Aunque desde la promulgación de la Constitución Española de 1978 se han producido importantes modificaciones en la legislación laboral tendentes a la aplicación del principio de igualdad entre mujeres y hombres, las modificaciones nunca habían afectado a los títulos II y III del Estatuto de los Trabajadores, donde se regulan la representación de los trabajadores y los convenios colectivos. La LOIEMH rompe con la pasividad legal existente hasta el momento e instaura un nuevo marco normativo especial para la negociación colectiva, regulando los planes de igualdad en las empresas y otras medidas encaminadas a la promoción de la igualdad.

Importante

Muchas son las implicaciones de la aplicación de la LOIEMH, no obstante la más decisiva es la aplicación del principio de transversalidad o mainstreaming de género que obliga a implantar la igualdad en el total de los ámbitos jurídicos.

8.1. Planes de Igualdad

En la LOIEMH se establecen los denominados como planes de igualdad "obligatorios" y "voluntarios", basándose en la existencia de los siguientes supuestos:

1. Obligatoriedad para las empresas de 50 o más trabajadores:

   En el caso de las empresas de cincuenta o más trabajadores, las medidas de igualdad a que se refiere el apartado anterior deberán dirigirse a la elaboración y aplicación de un plan de igualdad, con el alcance y contenido establecidos en este capítulo, que deberá ser asimismo objeto de negociación en la forma que se determine en la legislación laboral.

2. Obligatoriedad impuesta en convenio colectivo:

   [...] las empresas deberán elaborar y aplicar un plan de igualdad cuando así se establezca en el convenio colectivo que sea aplicable, en los términos previstos en el mismo.

3. Conmutación de sanciones administrativas accesorias:

   [...] las empresas también elaborarán y aplicarán un plan de igualdad, previa negociación o consulta, en su caso, con la representación legal de los trabajadores y trabajadoras, cuando la autoridad laboral hubiera acordado en un procedimiento sancionador la sustitución de las sanciones accesorias por la elaboración y aplicación de dicho plan, en los términos que se fijen en el indicado acuerdo.

4. Obligatoriedad en el empleo público estatal:

> *El Gobierno aprobará, al inicio de cada legislatura, un Plan para la Igualdad entre mujeres y hombres en la Administración General del Estado y en los organismos públicos vinculados o dependientes de ella.*

Añadiéndose que:

> *El Plan establecerá los objetivos a alcanzar en materia de promoción de la igualdad de trato y oportunidades en el empleo público, así como las estrategias o medidas a adoptar para su consecución. El Plan será objeto de negociación, y en su caso acuerdo, con la representación legal de los empleados públicos en la forma en que se determine en la legislación sobre negociación colectiva en la Administración Pública y su cumplimiento será evaluado anualmente por el Consejo de Ministros.*

5. Planes de igualdad voluntarios:

> *La elaboración e implantación de planes de igualdad será voluntaria para las demás empresas, previa consulta a la representación legal de los trabajadores y trabajadoras.*

Se establece además, el apoyo a la implantación voluntaria de los planes de igualdad por parte de las empresas, estableciendo una serie de medidas por parte del Gobierno como medidas de fomento, especialmente dirigidas a las pequeñas y medianas empresas, que podrán consistir en beneficios en la contratación con las Administraciones Públicas, la percepción de subvenciones o la obtención de distintivos empresariales en materia de igualdad.

Conforme al artículo 46.1 de la LOIEMH se define un Plan de Igualdad como:

> *[...] un conjunto ordenado de medidas, adoptadas después de realizar un diagnóstico de situación, tendentes a alcanzar en la empresa la igualdad de trato y de oportunidades entre mujeres y hombres y a eliminar la discriminación por razón de sexo.*

De esta definición se desprenden los siguientes supuestos generales, partiendo de que son medidas destinadas a cualquier plan de igualdad, no solo en base a la obligación por parte de las empresas de 50 o más trabajadores:

1. Se trata de un conjunto ordenado de medidas, por lo que comporta la idea de una estructura y coherencia interna en la elaboración de una serie de medidas o acciones previstas para alcanzar la igualdad real.
2. El plan se adoptará después de realizar un diagnóstico de la situación, esto le aportará estructura y coherencia interna, además de adaptarse a la realidad concreta de cada empresa. En la realización del diagnóstico se deberá comprobar en la totalidad de las situaciones la existencia de alguna clase de discriminación sexista: directa o indirecta, discriminación por maternidad, acoso sexual y por razón de sexo, ausencia de derechos de conciliación, ausencia de participación equilibrada... es decir, con el enfoque de transversalidad de género dentro de la empresa.
3. Las medidas de igualdad incluidas en el plan de igualdad pretenden alcanzar en la empresa la igualdad de trato y de oportunidades entre mujeres y hombres tendiendo a eliminar la discriminación por razón de sexo. Dichas medidas deberán estar vinculadas con el diagnóstico previo de la situación, pero en todo caso en los planes de igualdad se fijarán los objetivos concretos de igualdad a alcanzar y las estrategias y prácticas a adoptar para su consecución, así como el establecimiento de sistemas eficaces de seguimiento y evaluación de los objetivos fijados. Para la consecución de estos objetivos, los planes de igualdad podrán contemplar, entre otras, las materias de acceso al empleo, clasificación profesional, promoción, formación, retribuciones, ordenación del tiempo de trabajo..., todo ello con el objetivo de favorecer la conciliación laboral, personal, familiar y prevención del acoso sexual y por razón de sexo.

Actividades

38. Destaque el plan de igualdad de alguna empresa española de ámbito internacional.

Aplicación práctica

"Carne+" es una empresa dedicada a la comercialización de productos cárnicos. Actualmente cuenta en su plantilla con un total de 45 personas. ¿Se encuentra obligada a realizar un plan de igualdad? En estos momentos, están intentando lograr un contrato con una Administración Pública para establecerse como proveedores, ¿les afectaría de algún modo dicho plan de igualdad? Justifique su respuesta.

SOLUCIÓN

La empresa no se encuentra obligada a realizar un plan de igualdad, pues la obligación corresponde a empresas de más de 50 trabajadores, no obstante puede desarrollar un plan de igualdad voluntario. Con este plan tendría más posibilidades de realizar el contrato con la Administración Pública, ya que esta fomenta las contrataciones con empresas que poseen planes de igualdad.

8.2. Medidas específicas para la igualdad

Dentro de las empresas, los deberes de adoptar y de negociar medidas de igualdad se constituyen como la base fundamental de los mecanismos legales de implicación de la negociación colectiva del principio de igualdad. A tales efectos en el capítulo III del Título IV de la LOIEMH se expone lo siguiente:

> *Las empresas están obligadas a respetar la igualdad de trato y de oportunidades en el ámbito laboral y, con esta finalidad, deberán adoptar medidas dirigidas a evitar cualquier tipo de discriminación laboral entre mujeres y hombres, medidas que deberán negociar, y en su caso acordar, con los representantes legales de los trabajadores en la forma que se determine en la legislación laboral.*

Además, en el artículo modificado por la LOIEMH del Estatuto de los trabajadores se expone que:

> *Sin perjuicio de la libertad de las partes para determinar el contenido de los convenios colectivos, en la negociación de los mismos existirá, en todo caso, el deber de negociar medidas dirigidas a promover la igualdad de trato y de oportunidades entre mujeres*

y hombres en el ámbito laboral o, en su caso, planes de igualdad con el alcance y contenido previsto en el Capítulo III del título IV de la Ley Orgánica 3/2007, de 22 de marzo, para la igualdad efectiva de mujeres y hombres.

Basado en la obra de Lousada Arochena, J.F. "El principio de igualdad en la Negociación colectiva" se establece que las medidas de igualdad en las empresas se basarán en las siguientes líneas de trabajo:

- Formación y promoción profesional.
- Condiciones de trabajo (trabajo a tiempo parcial y completo, fijo y discontinuo, movilidad...).
- Retribuciones y beneficios sociales.
- Conciliación de la vida profesional, laboral y familiar de las personas trabajadoras.
- Derechos de maternidad de las mujeres trabajadoras.
- Salud laboral.
- Acoso sexual, por razón de sexo y moral.
- Protección de las víctimas de violencia de género.

Como ya se ha visto anteriormente, la legislación establece también la existencia de acciones positivas para promocionar en las empresas la igualdad de género del siguiente modo:

De acuerdo con lo establecido legalmente, mediante la negociación colectiva se podrán establecer medidas de acción positiva para favorecer el acceso de las mujeres al empleo y la aplicación efectiva del principio de igualdad de trato y no discriminación en las condiciones de trabajo entre mujeres y hombres.

Capítulo I, Título IV de la LOIEMH

Dichas acciones positivas podrán ser adoptadas en los convenios colectivos establecidos en las empresas y planes de igualdad.

El Gobierno propone, por parte del Ministerio correspondiente, las siguientes medidas específicas para adoptar los planes de igualdad por parte de las empresas:

- Convocatoria de subvenciones para pymes para la implantación voluntaria de planes de igualdad.
- Servicio de asesoramiento técnico para el diseño y la elaboración de planes de igualdad en las empresas.

Estas medidas además podrán ser fomentadas por las comunidades autónomas, estableciendo, como ya se ha visto anteriormente, paralelamente leyes y planes relativos a la igualdad, así como programas de asesoramiento a empresas en materia de igualdad.

Actividades

39. ¿Conoce alguna empresa que haya aplicado medidas específicas para fomentar la igualdad? Si no es así, busque alguna. ¿En qué han consistido? ¿Las considera suficientes? Justifique su respuesta.

8.3. Papel de la negociación colectiva

En el marco de la LOIEMH y de la Ley 15/2022 se instaura la importancia de la negociación colectiva para alcanzar la igualdad efectiva entre mujeres y hombres en las empresas, así como la prevención de las situaciones de discriminación. Dicha negociación se constituye como elemento para plasmar los planes de igualdad de las empresas, así como otras medidas encaminadas a la obtención de la igualdad.

Las razones que justifican la importancia de la negociación colectiva en la igualdad efectiva entre hombres y mujeres, se pueden clasificar en las siguientes:

- La importancia de la negociación colectiva en la consecución de la igualdad laboral, considerando las propias funciones de los convenios colectivos:

- El convenio colectivo cumple una función reguladora de las relaciones laborales en los espacios, cada vez mayores, que la ley deja a la regulación colectiva. Esa propia función reguladora serviría para implementar a través de una adecuada regulación convencional, el principio de igualdad en las relaciones laborales con una triple eficacia: evitar la aparición de cláusulas discriminatorias en los contratos de trabajo y de conductas discriminatorias, determinar derechos y obligaciones en las partes, facilitar la actuación de la empresa y los poderes públicos ante conductas discriminatorias.
- El convenio colectivo adapta las leyes a las realidades profesionales; tienen por lo tanto una función individualizadora.
- El convenio colectivo cumple una función compensadora frente a la posición de mayor poder del empresario en las relaciones individuales de trabajo. Los convenios colectivos van a limitar los posibles abusos de poder por parte del empresariado que podrían generar discriminaciones.

- La importancia de la negociación colectiva en el cumplimiento de las exigencias de la normativa comunitaria: Directiva 2006/54/CE, de 5 de julio de 2006, del Parlamento Europeo y del Consejo, relativa a la aplicación del principio de igualdad de oportunidades e igualdad de trato entre hombres y mujeres en asuntos de empleo y ocupación, introdujo una norma sobre fomento de la igualdad en la negociación colectiva. Tal norma obliga a los Estados miembros, siempre teniendo en cuenta el marco del derecho interno, a adoptar las medidas adecuadas para fomentar el diálogo social entre los interlocutores sociales a fin de promover la igualdad de trato. De esta manera, desde la Comunidad Europea se alienta a los siguiente hechos:

  - A los interlocutores sociales, sin perjuicio de su autonomía a promover la igualdad entre mujeres y hombres, a fomentar normativas laborales flexibles con el objetivo de facilitar la conciliación de la vida laboral y familiar y a celebrar, en el nivel adecuado, convenios que establezcan normas antidiscriminatorias.
  - A los empresarios que fomenten la igualdad de trato entre hombres y mujeres de forma planificada y sistemática en el lugar de trabajo, en materia de acceso al empleo, en la formación profesional y la promoción. Además, se alienta a los empresarios a presentar, con

una periodicidad adecuada a los empleados y/o a sus representantes, información adecuada sobre la igualdad de trato de hombres y mujeres en la empresa.

No obstante, la importancia de la negociación colectiva en materia de igualdad viene determinada por el principio fundamental de transversalidad de género o *mainstreaming* con el que se tratan de impregnar todas las políticas de los Gobiernos del enfoque de género.

9. Identificación de elementos de utilidad en el sistema de Formación Profesional para el empleo, en vigor

A lo largo de todo el capítulo se ha podido comprobar la importancia de la formación para superar las desigualdades laborales en materia de género. En este sentido, en la Secretaria General de Formación Profesional se establece como una de sus funciones la siguiente:

> *La elaboración del Informe del estado del Sistema de Formación Profesional previsto en la Ley Orgánica 3/2022, de 31 de marzo, de ordenación e integración de la Formación Profesional, y la elaboración y ejecución de planes para la mejora de la calidad, la evaluación y promoción de la formación profesional, así como medidas que promuevan en este ámbito las políticas de igualdad, no discriminación y accesibilidad universal.*

Con el objetivo de asegurar la igualdad en educación se crea la Unidad de Igualdad de Género, que es la responsable de desarrollar funciones relacionadas con el principio de igualdad entre mujeres y hombres en los ámbitos competenciales del ámbito educativo.

Sus funciones se encuentran articuladas a través de un plan de trabajo, cuyo objetivo último es coordinar e impulsar las actuaciones que se están llevando a cabo en el ministerio. Las funciones principales son:

- Coordinación de las actuaciones del ministerio en materia de igualdad de género.

- Asesoramiento y apoyo técnico a las distintas unidades del ministerio para que, en su ámbito de actuación, se adopten medidas que garanticen la plena igualdad entre mujeres y hombres.
- Elaboración de estudios e informes técnicos en materia de políticas de igualdad de género.
- Cooperación con otras administraciones y entidades para fomentar la igualdad.
- Coordinación del Grupo de trabajo de Igualdad del Ministerio.
- Actualización permanente de la información del Espacio de Igualdad del Ministerio.
- Difusión de las Estadísticas de Educación desde la perspectiva de género.

Nota

La Unidad de Igualdad de Género es la encargada de la redacción de los Planes Operativos para la igualdad de género, constituyendo el elemento principal puesto a disposición del principio de igualdad dentro del sistema de Formación Profesional para el Empleo, actualmente vigente en España.

10. Resumen

El contenido del capítulo que se acaba de ver gira en torno a la necesidad de comprobar cuál es la situación real de partida de las mujeres en el ámbito laboral para así poder determinar con mayor utilidad las herramientas a usar para la incorporación, en condiciones de equidad y estabilidad, de las mujeres en el ámbito laboral.

Partiendo de esta premisa se ha comprobado la desigualdad existente en el mercado laboral en una serie de factores, teniendo en consideración elementos como el menor índice formativo que tradicionalmente han tenido las mujeres, hecho que se observa en las gráficas presentadas en los niveles de edad más avanzados para las mujeres, así como una menor tasa de actividad en las mismas, lastradas por una mayor responsabilidad en las tareas domésticas y reproductivas, así como en el cuidado a las personas dependientes. También se ha comprobado cómo, una vez inmersas en el mercado laboral, las condiciones laborales de las mujeres son peores, debido a una mayor parcialidad en el trabajo, así como en una agrupación por sectores de las mujeres, coincidiendo estos sectores con los que presentan unas mayores tasas de temporalidad, parcialidad, etc. A esta circunstancia hay que añadir el menor salario que cobran de media las mujeres, debido a circunstancias tan diferentes como la parcialidad, temporalidad e incluso la imposibilidad de ascender a puestos de mayor responsabilidad.

Todos estos hechos han sido identificados como segregación vertical y horizontal, techo de cristal, discriminación por razón de sexo y género (directa e indirecta), brecha salarial, suelo pegajoso, acoso... La necesidad de identificar estos hechos se considerará imprescindible para realizar un diagnóstico de la situación de partida de cada mujer y así poder trazar un itinerario laboral ajustado a su perfil laboral y personal.

Seguidamente se han visto como las medidas procuradas para superar dichas dificultades de partida no solo vienen propuestas en la legislación española, sino que se trata de un movimiento internacional, que recala en la Unión Europea y que es a través de la transposición de dichas directivas como se logra alcanzar una ley como la Ley Orgánica para la Igualdad Efectiva de Mujeres y Hombres, que en España marcará un hito a favor de los derechos de las mujeres, pues basándose en el principio de *mainstreaming* o transversalidad logra impregnar toda la legislación española del principio de igualdad. Hecho que se traduce en una multitud de normativas tanto a nivel nacional como a nivel autonómico y regional a favor de la igualdad y no discriminación por razón de sexo y género a las mujeres españolas, poniendo especial énfasis en aquellas medidas destinadas al fomento del empleo. Tanto a nivel público como privado se proponen acciones positivas y medidas específicas para la consecución de dicha igualdad.

Ejercicios de repaso y autoevaluación

1. **¿Cuál de las siguientes personas fue la primera en usar los términos sexo-género?**

   a. Gayle Rubin
   b. Vicky Meynen
   c. Virginia Vargas
   d. Jacobsen

2. **Señale si las siguientes afirmaciones son verdaderas o falsas.**

   a. A partir de la década de los 70 se produce una explosión en los estudios de historia desde la perspectiva feminista.

      □ Verdadero
      □ Falso

   b. La Organización Internacional del Trabajo realiza una definición de discriminación directa e indirecta.

      □ Verdadero
      □ Falso

   c. Según Jacobsen la discriminación en el trabajo se produce cuando las personas no tienen la misma productividad.

      □ Verdadero
      □ Falso

3. **Complete el siguiente enunciado:**

El trabajo ______________ se asigna a los ______________ y el no remunerado a las ______________, lo que originó que fueran los hombres los que representarán en mayor medida la ______________ o mano de obra, como consecuencia la ______________ ______________ del trabajo se estableció de tal modo que se asumió que los trabajadores eran hombres y que estos con sus ingresos debían sostener a las ______________.

4. **Encuentre en la siguiente sopa de letras 5 palabras clave en relación con el empleo.**

E	S	T	R	A	B	A	J	O	A	N
M	F	D	Y	U	E	X	V	N	O	N
P	R	I	W	Y	U	I	O	I	S	F
L	R	A	H	J	I	O	C	Z	A	C
E	V	G	C	X	E	A	S	T	A	N
O	A	N	X	V	G	N	M	V	D	B
C	H	O	R	E	T	U	I	S	A	A
I	K	S	R	U	E	T	U	R	E	W
O	J	G	L	F	E	D	S	S	L	R
N	E	P	A	R	A	D	A	S	P	E
S	R	C	B	T	U	I	O	P	M	I
I	D	O	T	Y	E	C	W	M	E	V

5. **Relacione los siguientes elementos:**

a. Situaciones en las que se produce una interacción directa con alto contenido sexual.
b. Situaciones en las que se producen contactos físicos no deseados y presión verbal directa.
c. Expresiones verbales públicas vejatorias para la persona acosada.

__ Acoso leve
__ Acoso Grave
__ Acoso muy grave

6. Señale la definición de currículo oculto según Torres.

____
____
____
____

7. Señale cuál de las siguientes no es una normativa comunitaria en materia de género.

a. Informe (2007/2117 (INI)) sobre la situación de la mujer en las zonas rurales.
b. Declaración sobre el Derecho al Desarrollo.
c. Convención sobre la Eliminación de todas las formas de Discriminación Contra las Mujeres (CEDAW).
d. Tratado de Ámsterdam (1997).
e. Tratado de Roma.
f. Ley 30/2003, de 13 de octubre, sobre medidas para incorporar la valoración del impacto de género en las disposiciones normativas que elabore el Gobierno.
g. Carta de los Derechos Fundamentales.

8. En el desarrollo de las políticas locales de igualdad, ¿qué es el concepto de interseccionalidad?

a. El enfoque feminista que considera la igualdad entre mujeres y hombres como un derecho fundamental.
b. Es la creencia de que las políticas de igualdad son responsabilidad específica de un área concreta.
c. Es aquel que no considera al conjunto de mujeres y hombres como grupos homogéneos, sino que las situaciones en cuanto al género se diferencian según la interacción con otras variables.
d. Hace referencia a la equidad de género en las políticas de igualdad en el ámbito local.

---

9. **Complete la siguiente frase:**

El ______________ de género se puede definir como la organización (reorganización), la mejora, el desarrollo y la evaluación de los procesos ________________, de modo que una perspectiva de ____________________ se incorpore en todas las políticas, a todos los niveles y en todas las etapas, por los actores normalmente involucrados en la ________________ de medidas políticas.

10. **¿En qué dos formas están recogidas las acciones positivas en la Ley Orgánica para la Igualdad Efectiva de Mujeres y Hombres?**

____
____
____
____
____
____
____

Capítulo 2

Intervención para la igualdad efectiva de mujeres y hombres en el ámbito laboral

Contenido

1. Introducción
2. Métodos para la caracterización del empleo por cuenta ajena
3. Métodos para la caracterización de la iniciativa empresarial y el empleo autónomo de las mujeres
4. Identificación de actuaciones vigentes para la promoción de la participación económica de las mujeres y en el ámbito del empleo
5. Participación en las fases de los itinerarios integrados de inserción con perspectiva de género
6. Resumen

1. Introducción

A lo largo del capítulo anterior se ha realizado una panorámica sobre la situación de la mujer en el mercado laboral español y europeo, así como de los mayores avances en materia de políticas de igualdad. En este capítulo se van a ver las intervenciones que se están realizando en el ámbito laboral en materia de igualdad efectiva de mujeres y hombres.

Para lograr la igualdad laboral será importante realizar un enfoque transversal en todos los aspectos en torno al mundo laboral, en concreto ofreciendo recursos y herramientas para el acceso al mundo laboral o la creación del propio empleo. Para lo que será necesario conocer las características más importantes del empleo por cuenta ajena en España, así como las posibilidades y recursos que actualmente se ofrecen para desarrollar un trabajo de forma autónoma o por cuenta propia.

Seguidamente, se comprobarán los recursos, herramientas e instrumentos disponibles con los que actualmente se cuentan para lograr la igualdad efectiva de hombres y mujeres en el ámbito laboral español. Haciendo especial hincapié en los itinerarios laborales de inserción profesional y el enfoque de los mismos hacia la problemática de género.

2. Métodos para la caracterización del empleo por cuenta ajena

En este apartado se verán cuáles son las características más importantes del empleo por cuenta ajena y cómo estas afectan a la situación de las mujeres en el ámbito laboral español, asimismo se señalarán los métodos para la identificación de las ofertas, recursos, la creación y la permanencia en el empleo.

El trabajo por cuenta ajena se caracteriza por el establecimiento de un contrato a través del cual la persona trabajadora asumirá libre y voluntariamente la obligación de realizar el trabajo pactado y de realizarlo, además, con sujeción a las órdenes de la o del empleador y con la diligencia y colaboración que resulte legalmente exigible.

2.1. El trabajo por cuenta ajena, concepto, evolución y características

En la evolución histórica del trabajo por cuenta ajena se puede observar cómo no siempre se ha cumplido con la característica vista anteriormente. Las diferentes situaciones laborales han evolucionado en el siguiente sentido:

1. En la antigüedad la persona trabajadora tenía la misma consideración de un/a esclavo/a que pertenecía a su dueño/a.
2. En la Edad Media surgieron los gremios, que eran asociaciones de profesionales que tenían un mismo oficio; dichos gremios se encargaban de proteger los mismos intereses.
3. En la época de la Revolución Industrial comenzaron las primeras fábricas y con ellas aparecieron las malas condiciones laborales como, por ejemplo, trabajos mal remunerados, explotación infantil, trabajos sin descansos, jornadas laborales excesivamente largas, falta de seguridad e higiene...
4. Tras la Revolución Industrial y las pésimas condiciones laborales que en estos trabajos se daban aparece el movimiento obrero, que consigue la intervención de los Estados en el ámbito laboral, intervención que no había aparecido hasta el momento. Esta intervención se practica por parte del Estado a través de la regulación de una serie de normas que constituirán el derecho del trabajo.

Actividades

1. Busque información sobre la evolución histórica del concepto de trabajo y realice un esquema con los hitos más importantes.
2. Realice una comparativa sobre las condiciones laborales de una persona trabajadora en una fábrica en la época de la Revolución Industrial y en una fábrica en la actualidad.
3. ¿Qué papel ocupaban las mujeres trabajadoras en los gremios que aparecieron en la Edad Media?

En la actualidad, las normativas que regulan el ámbito laboral se rigen por el derecho del trabajo, que sufre continuas modificaciones para adaptarse a las circunstancias cambiantes de la sociedad en el ámbito español y, como se ha visto en el capítulo anterior, se encuentra ampliamente influenciado por la Unión Europea.

El concepto de trabajador/a en el derecho laboral español es aquel que realiza una actividad libre, retribuida, dependiente y por cuenta ajena. De este modo el Estatuto de los Trabajadores define esta figura como:

> *[...] que voluntariamente presten sus servicios retribuidos por cuenta ajena y dentro del ámbito de organización y dirección de otra persona, física o jurídica, denominada empleador o empresario.*

Las características de dicha relación laboral pasan por los siguientes conceptos:

- La actividad ha de ser libremente prestada por parte de la persona trabajadora.
- La actividad que se debe realizar ha de estar retribuida. Dicha retribución recibirá el nombre de salario y ha de devengarse de forma regular y progresiva.
- Los ordenamientos jurídicos parten de la noción de trabajo dependiente como objeto regulado por el derecho del trabajo. Se considera que en las relaciones laborales del trabajo por cuenta ajena va a existir un control del resultado del trabajo.
- No obstante, el concepto de ajenidad es el que mayor significado otorga a la hora de determinar el concepto de trabajador/a:
    - Los frutos del trabajo son atribuidos inicial y directamente a otra persona distinta de la que ejecuta el trabajo.
    - La ajenidad se atribuye también en los riesgos, ya que los costes del trabajo recaerán sobre el/la empresario/a, el resultado del trabajo se incorporará a su patrimonio, así como el resultado económico, ya sea favorable o desfavorable.

Dentro de la regulación laboral del trabajo por cuenta ajena existirán las siguientes inclusiones:

- El trabajo a domicilio.
- Las relaciones laborales de carácter especial.
- Actividades sometidas a regulaciones específicas.

Importante

La mayoría de las personas trabajadoras por cuenta ajena se enmarcan dentro del Régimen de Cotización General a la Seguridad Social, siendo el caso de las personas trabajadoras españolas por cuenta ajena de la industria y los servicios y asimilados a los mismos que ejerzan normalmente su actividad en el territorio nacional, así como las personas trabajadoras por cuenta ajena y los/as socios/as trabajadores/as de sociedades mercantiles capitalistas.

Y en cuanto a las exclusiones básicas en el trabajo por cuenta ajena, son las que se presentan a continuación:

- Funcionarios públicos. Su regulación se realizará mediante el Estatuto de la Función Pública.
- Las prestaciones personales obligatorias.
- Consejeros/as o miembros de los órganos de administración de las empresas que estén constituidas como sociedades, siempre que sus funciones estén limitadas a las inherentes a dicho cargo.
- Los trabajos realizados a título de amistad, benevolencia o buena vecindad.
- Los trabajos familiares, salvo que se demuestre la condición de asalariados/as de quienes los realizan.
- La actividad de las personas que intervienen en operaciones mercantiles por cuenta de uno o más empresarios/as.
- El trabajo autónomo.

Actividades

4. Realice un mapa conceptual sobre el trabajo por cuenta ajena que contenga las inclusiones y exclusiones del mismo.
5. Busque información sobre el Estatuto de la Función Pública y realice una comparación con el Estatuto de los Trabajadores, ¿qué aspectos muestran, a su juicio, las principales diferencias entre ambos?

Con objeto de aportar una amplia perspectiva sobre el trabajo por cuenta ajena, será interesante determinar también el trabajo sujeto a régimen general especial:

- **Altos cargos:** el carácter especial de este tipo de trabajadores/as radica, según el Estatuto de los Trabajadores, en la buena fe y la recíproca confianza, por lo que se generan obligaciones y derechos específicos, que pueden explicar la posibilidad de extinción del contrato por voluntad de la empresa sin alegar causa alguna.
- **Servicio del hogar familiar:** en este tipo de trabajos se destaca la característica de la continuada convivencia en el espacio del hogar familiar, que hace que la relación laboral contenga un componente especial y subjetivo al basarse en la confianza como elemento fundamental e imprescindible de la relación laboral.
- **Penados e instituciones penitenciarias:** este tipo de trabajos se rigen por las normas del Derecho Penitenciario; dichas normas prevén las diversas modalidades de trabajo en función de los fines de la misma: formación, tratamiento, atención a los servicios del establecimiento, etc.
- **Deportistas profesionales:** se consideran deportistas profesionales quienes se dediquen voluntariamente a la práctica de algún deporte, de forma regular y a cambio de retribución, en el ámbito de un club deportivo, organización o entidad. Las singularidades son las siguientes: los contratos serán necesariamente temporales con duración establecida por escrito, esta modalidad de contrato admite las cesiones temporales, computándose el tiempo de cesión como duración del contrato, aunque

se exige el consentimiento explícito del o de la deportista; se admite además la extinción voluntaria unilateral por parte del o de la deportista.

- **Artistas en espectáculos públicos:** esta relación laboral es la establecida entre quienes organizan los espectáculos públicos o empresarios/as y quienes se dediquen voluntariamente a la prestación de una actividad artística por cuenta y dentro del ámbito de la organización de aquellos a cambio de una retribución; esta relación incluye: el derecho del o de la artista a la ocupación efectiva, incluidos ensayos y actividades preparatorias, el derecho a la retribución por los ensayos, regulación mediante convenio de la situación de disponibilidad del o de la artista respecto de la empresa y de los desplazamientos y giras.
- **Agentes y operadores mercantiles dependientes:** se enmarcan en este epígrafe las personas que actuando bajo la denominación de representante, mediador/a... concierta o promueve personalmente operaciones mercantiles, en nombre de uno o más empresarios/as a cambio de una remuneración, sin asumir el riesgo de dichas operaciones. Se obligará en este tipo de contratos que se haga por escrito y que en él se hagan constar determinadas reglas, en especial el tipo de actividades que debe realizar la persona trabajadora, las facultades que ostenta para actuar en nombre de la o del empresario y la zona, demarcación o categoría de clientes en relación a los cuales puede desempeñar su trabajo.
- **Otras relaciones especiales son las siguientes:** estibadores portuarios, personas con discapacidad que trabajen para centros especiales de empleo y personal civil no funcionario dependientes de establecimientos militares.

Una vez vistas de forma general las características del trabajo por cuenta ajena se verán en los siguientes apartados la identificación de las ofertas y recursos para el acceso, creación y permanencia en el empleo y el manejo de guías sobre itinerarios integrados de inserción sociolaboral desde la perspectiva de género.

Aplicación práctica

María es una excelente jugadora de fútbol. Siempre ha realizado su deporte favorito por afición, pero en el último año su equipo ha logrado muchos triunfos, gracias a María en parte, por lo que le han propuesto un contrato para un importante club femenino que le permitirá dedicarse al fútbol de manera profesional. ¿Se considerará María una trabajadora por cuenta ajena?

SOLUCIÓN

Si María acepta el contrato, se englobará dentro de las deportistas profesionales. Las actividades de dichas deportistas se encontrarán recogidas dentro del epígrafe del régimen general especial, por lo que será una trabajadora por cuenta ajena, siempre y cuando se cumplan todos los requisitos en su contrato que encajen con dicho epígrafe.

2.2. Identificación de ofertas y manejo de recursos disponibles para el acceso, la creación y la permanencia en el empleo

Los procesos de integración de la perspectiva de género en el acompañamiento al empleo no equivalen a la ausencia de discriminación. Para realizar una adecuada integración de la perspectiva de género en dichos procesos es necesario mantener una posición activa por parte de la persona encargada de acompañar y guiar el proceso de inserción laboral, es decir, el personal técnico competente ha de tener conocimientos específicos en materia de género. Para ello, será necesaria la incorporación de contenidos específicos tanto en el trabajo con las propias mujeres interesadas, como con los agentes sociales y económicos encargados de las ofertas de empleo y creación de empresas.

Será importante tener también en consideración el punto de partida, pues los problemas que mujeres y hombres encuentran en el mercado laboral son diferentes, incluso partiendo de niveles formativos similares, por lo que será determinante atender al diagnóstico inicial de las dificultades en cada uno de los sexos, para poder ofrecer una situación igualitaria. Por lo que se deberá establecer una metodología específica que integre y trabaje con las diferencias y que pueda lograr cambios perdurables en el tiempo y mejorar las perspectivas de futuro.

En este sentido la Ley Orgánica 3/2007, de 22 de marzo, para la Igualdad Efectiva de Mujeres y Hombres ha desarrollado cambios legislativos importantes, recogiendo obligaciones concretas en los programas y servicios de empleo, tanto en relación a la mejora de la empleabilidad como en el control de ofertas de trabajo discriminatorias por razón de sexo. Dicha ley, además, pretende integrar la perspectiva de *mainstreaming* de género y hacerla transversal a todos los ámbitos de la sociedad. Una de las principales consecuencias de dicha ley será la realización periódica por parte del ministerio correspondiente de un Plan para la Igualdad de Género, en el que se recogerán las principales medidas que se establecerán por parte del Gobierno con dicho objetivo. No obstante, se profundizará en ello en apartados posteriores.

Este apartado se centrará en la identificación de las ofertas de empleo, así como en el manejo y la gestión de los recursos disponibles para el empleo, aunque será determinante la elaboración adecuada de un perfil profesional que ayude, desde el primer momento, a la identificación de posibles ofertas adecuadas; la elaboración de dicho perfil se verá en apartados siguientes.

Actividades

6. Revise las características más importantes de la Ley Orgánica para la Igualdad Efectiva de Mujeres y Hombres, en concreto sus implicaciones para el empleo.

Para la adecuada identificación de las ofertas de empleo será necesario tener en consideración una serie de términos relacionados:

- **Oferta de empleo:** por oferta de empleo se entienden aquellos puestos de trabajo que las empresas desean cubrir por encontrarse libres o vacantes. Las empresas pueden ser de carácter privado o público. En ambos casos son las mayores generadoras de ofertas de empleo.

- **Demanda de empleo:** se encuentra conformada por el conjunto de trabajadores/as que solicitan obtener un puesto de trabajo, se encuentren o no en situación de desempleo. Los/as demandantes de empleo realizan la demanda de empleo ante una oficina del servicio público de empleo.
- **Intermediarios del mercado de trabajo:** se consideran intermediarios del mercado de trabajo todas aquellas entidades y organismos que facilitan que demandantes de empleo accedan a las ofertas existentes, es decir, ponen en conexión a demandantes de empleo con ofertantes de empleo.
- **Mercado de trabajo:** se considera el entorno en el que confluyen los elementos anteriores interactuando entre sí en un espacio y tiempo concretos.
- **Desajustes del mercado de trabajo:** los desajustes son producidos cuando existe un exceso de demanda de empleo o un exceso de oferta.

Nota

También existe la posibilidad de que sea la persona trabajadora la que genere su propio puesto de trabajo. En este caso se denominará trabajo por cuenta propia o autoempleo.

A continuación, se resumirán las características más importantes de las ofertas de empleo, atendiendo a si son de carácter público o privado:

- **Oferta Pública de Empleo (OPE):** las diferentes Administraciones Públicas ofrecen la posibilidad de acceder a ofertas de empleo tanto de personal funcionario, como de personal laboral; dichas ofertas son siempre publicadas en el primer trimestre de cada año. Las administraciones pueden ser: Administración Comunitaria (Unión Europea), Administración Central (competencias en todo el Estado español), Administración Autonómica (comunidades autónomas), Administraciones Locales (ayuntamientos, diputaciones provinciales, entidades locales...). La publicación de las ofertas públicas de empleo se realiza en los boletines oficiales de cada administración. Las Administraciones Públicas seleccionan su personal, tanto funcionario como laboral, de acuerdo con su oferta pública de empleo anual, mediante convocatorias públicas y a través de un proceso de selección. Dicho proceso de selección para el ingreso en el cuerpo de funcionarios podrá realizarse en base a los siguientes sistemas:

- **Oposición:** realización de una serie de pruebas destinadas a valorar conocimientos, capacidades y aptitudes de los candidatos, para el desempeño del puesto de trabajo. Dichas pruebas deberán ajustarse a un temario vigente publicado.
- **Concurso:** consiste en valorar los méritos exigidos en la correspondiente convocatoria, entre los que se encontrarán los adecuados a las características de cada puesto de trabajo, posesión de un determinado grado personal, valoración del trabajo desarrollado, etc.
- **Concurso-oposición:** convocatoria en la que se deben superar las dos fases anteriores.

- **Oferta pública de empleo de las instituciones europeas:** la Unión Europea cuenta también con instituciones que ofertan puestos de trabajo a los que pueden acceder todas las personas de los países miembros y pueden ser de funcionarios/as (para los que se requiere un alto nivel de cualificación) o de personal laboral y auxiliar, para los que se requieren niveles de cualificación diferentes. El acceso a los puestos de funcionario/a se realiza también mediante un proceso de oposición, publicado en sus correspondientes boletines. El desarrollo de estos procesos se lleva a cabo mediante la Oficina de Selección de Personal de las Comunidades Europeas (EPSO).
- **El empleo privado:** a las ofertas de empleo privado se accederá a través de los diferentes organismos dedicados a la intermediación laboral. Los puestos de trabajo ofertados podrán ser de forma temporal o indefinida. En España se regulan los siguientes intermediarios en el mercado laboral:

- **Sistema Nacional de Empleo:** dentro del sistema nacional de empleo se encuentra regulado el Servicio Público de Empleo Estatal (SEPE) y los Servicios de Empleo Autonómicos.

  - **El Servicio Público de Empleo Estatal:** dicho organismo se encargará de la ordenación, desarrollo y seguimiento de los programas y medidas de la política de empleo. Las funciones de este organismo son:

    - Gestionar y controlar las prestaciones por desempleo.
    - Mantener las bases de datos que garanticen el registro público de ofertas, demandas y contratos.
    - Mantener el observatorio de las ocupaciones y elaborar las correspondientes estadísticas en materia de empleo de ámbito estatal.
    - Gestionar programas para la mejora de la ocupación de los demandantes de empleo.
    - Llevar a cabo investigaciones, estudios y análisis sobre la situación del mercado de trabajo.
    - Colaborar con las comunidades autónomas en la elaboración del Plan Nacional de Acción para el Empleo, ajustado a la estrategia europea de empleo y del programa anual de trabajo del sistema nacional de empleo.

  - **Servicio público de empleo autonómico:** aquellas comunidades autónomas que tienen transferidas las competencias en materia de empleo cuentan con el servicio público de empleo autonómico. Las principales funciones de dichos servicios pasan por:

    - Orientación e información profesional sobre la búsqueda de empleo.
    - Formación profesional para el empleo.
    - Intermediación laboral, es decir, facilitar el encuentro entre las ofertas y demandas de empleo.
    - Apoyo a iniciativas empresariales, apoyando el espíritu emprendedor.

- Acciones de empleo y formación, combinando la realización de prácticas profesionales en las empresas.
- Promoción del emprendimiento femenino.

- **Agencias de colocación:** son entidades que colaboran con los servicios públicos de empleo en la intermediación en el mercado de trabajo; su principal característica es la carencia de fines lucrativos, aunque en algunas ocasiones pueden cobrar los gastos derivados de las gestiones de intermediación laboral. Los objetivos de las agencias de colocación son:

  - Ayudar a las personas trabajadoras a encontrar un trabajo.
  - Ayudar a las empresas a realizar la contratación de personal.

  Algunos ejemplos de agencias de colocación son las siguientes: Mancomunidad de Municipios de la Sierra de Cádiz, Universidad de Almería y Ayuntamiento de Huelva.
- **Empresas de trabajo temporal (ETT):** las empresas de trabajo temporal son aquellas cuya actividad consiste en contratar trabajadores/as, con carácter temporal, para ponerlos a disposición de otra empresa, llamada usuaria. El funcionamiento de una empresa de trabajo temporal pasa por la contratación de trabajadores/as, haciéndose cargo de los gastos de salario y Seguridad Social. Sin embargo, el trabajador/a desarrolla la actividad en otra empresa (empresa usuaria), llevando a cabo la actividad profesional en sus instalaciones. La empresa de trabajo temporal y la empresa usuaria establecen un contrato para las siguientes circunstancias:

  - Realización de una obra o servicio determinado.
  - Para atender exigencias circunstanciales del mercado, acumulación de tareas o exceso de pedidos.
  - Para la sustitución de trabajadores/as de la empresa con derecho a la reserva del puesto de trabajo.
  - Para cubrir de forma temporal un puesto de trabajo permanente mientras dura el proceso de selección o promoción.

Algunas ETT son ADECCO, MANPOWER, RANDSTAD y FLEXIPLAN.

- **Las empresas de selección de personal:** se denominan también como consultoras de recursos humanos; se encargan de seleccionar y reclutar el personal para otras empresas. A diferencia de las ETT, las consultoras no contratan las personas trabajadoras, simplemente proponen una lista de candidatos más idóneos a las empresas clientes para su contratación. Suelen exigir un nivel de formación mucho más elevado que las ETT.
  Algunos ejemplos de empresas de selección de personal son: LHH Recruitment Solutions, ARION Consultores y PSICOTEC.

Actividades

7. Realice un esquema que contenga los recursos y características de las ofertas de trabajo de nivel público y privado que se acaban de ver.

A continuación, se verán los recursos y medios más importantes para localizar las diferentes ofertas de trabajo:

- **Medios de comunicación,** como:
  - **Internet:** en la actualidad Internet se ha configurado como una de las mayores herramientas en la búsqueda de empleo. Esta búsqueda tiene las siguientes ventajas:
    - Obtener información sobre los procesos de selección que usan las empresas para reclutar y seleccionar personal.
    - Conocer las cualidades más apropiadas para el puesto de trabajo al que se quiere optar.
    - Conseguir información actualizada de los niveles salariales y los tipos de contratos que existen, así como las actuales tendencias del mercado laboral.

- Acceder a las posibilidades laborales de otros países donde se pretenda buscar trabajo.

- **Prensa escrita:** es la forma más tradicional de búsqueda de empleo. En solo unas líneas la empresa anunciante expone las características del puesto que ofrece y el perfil de la persona que lo debe ocupar. Habitualmente dichas ofertas de empleo aparecen en los periódicos como suplementos dominicales o de fin de semana.
  Algunos ejemplos se pueden encontrar en las ediciones dominicales de periódicos como El Mundo, El País o ABC.
- **Radio y televisión:** en ocasiones los programas de radio ofrecen monográficos sobre empleo, donde suelen dedicar una sección a las ofertas disponibles en ese momento. Igualmente existen programas televisivos en diferentes cadenas dedicados a la búsqueda de empleo.

- **Bolsas de empleo:** o bolsas de trabajo constituyen otro medio para obtener un empleo. Existen dos tipos:

  - **Bolsas de empleo públicas:** cuando tras haber aprobado alguno de los exámenes de una oposición o concurso, la administración convocante incluye a la persona aspirante en una bolsa de trabajo. Una vez en ella, existe la posibilidad de que se le llame para ocupar algún puesto que puede quedar vacante de manera temporal en esa administración.
  - **Bolsas de empleo privadas:** estas bolsas de empleo pertenecen a empresas u organizaciones privadas que las crean para contar con datos de personas interesadas en trabajar en ellas o en otras empresas que les puedan solicitar trabajadores/as en alguna ocasión.

- **Servicios de orientación:** se trata de aquellos servicios que, de forma totalmente gratuita, ofrecen asesoramiento a las personas demandantes de empleo para mejorar sus posibilidades de encontrar trabajo, ya sea por cuenta propia o ajena. De forma general, desarrollan actuaciones orientadas a la mejora de la empleabilidad de las personas desempleadas. Con este fin llevan a cabo acciones de orientación y asesoramiento personalizado. Los servicios de orientación pueden estar gestionados

por entidades públicas y por entidades privadas sin ánimo de lucro, en colaboración con los servicios públicos de empleo de la comunidad de la que se trate.
Algunos ejemplos de servicios de orientación pueden ser: Andalucía Orienta, Lanbide (Servicio Vasco de Empleo), Instituto Aragonés de Empleo (INAEM) y SEXPE (Extremadura trabaja).

- **Red EURES:** forma parte de los servicios de orientación. Creada en 1993, constituye la Red de Servicios Europeos de Empleo. Esta red se creó con el objetivo de favorecer uno de los principios fundamentales de la Unión Europea, que es favorecer la libre circulación de trabajadores/as en el ámbito de la Comunidad Europea. La red EURES ofrece posibilidades de movilidad y colocación de las personas trabajadoras en cualquiera de los países que componen la Unión. Dicha red está dirigida tanto a trabajadores/as como a empresarios/as y consta de tres tipos de servicios:

    - **Información:** facilita información a las personas trabajadoras sobre las posibles ofertas laborales situadas en cualquiera de los países de la Unión.
    - **Asesoramiento:** ofrece información y asesoramiento, tanto a empresarios/as como a trabajadores/as, sobre las condiciones de vida y trabajo en otros estados.
    - **Colocación/contratación:** facilita a las empresas la contratación de personas en cualquier estado miembro.

- **La red de contactos:** la red de contactos estará conformada por todas aquellas personas que, tanto en la actualidad, como en el pasado, forman o hayan formado parte del entorno de la o del usuario, sea cual sea el origen y el tipo de relación que se tenga o se haya tenido con ellas ya que, en cualquier momento, pueden propiciar información de interés sobre posibles empleos. En numerosas ocasiones, cuando se producen vacantes en las empresas, sus responsables acuden, en primer lugar, al personal de su plantilla y amistades o familiares para cubrir de forma rápida esos puestos. La red de contactos va a estar conformada por: familiares, vecinos/as, amistades, compañeros/as de trabajo o estudios...

Actividades

8. Realice un esquema comparativo con las ventajas e inconvenientes de los medios para encontrar ofertas de empleo que se acaban de exponer en el apartado anterior.
9. ¿Ha tenido la posibilidad de usar alguno de estos recursos en alguna ocasión? ¿Cuál es, según su opinión, el medio más efectivo para encontrar empleo?

Aplicación práctica

Identifique las características de la siguiente oferta de trabajo.

Servicio Andaluz de Empleo
Consejería de Empleo, Empresa y Trabajo Autónomo

Área de gestión

Web del Servicio Andaluz de Empleo

Personas Empresas

Datos Profesionales Currículum Agenda Demanda de Empleo Anuncios de Empleo Cita Previa

Ahora estás en: Personas > **Anuncios de Empleo**

Datos del anuncio

Atención:

En atención a la legislación vigente, los contratos de trabajo podrán realizarse con personas de nacionalidad española, personas nacionales de los estados miembros de la Unión Europea o de los otros estados del espacio económico europeo y personas que, careciendo de este requisito, residan legalmente en España y dispongan de autorización administrativa para trabajar. Por tanto, las personas que envíen su currículo a través del Área de Gestión del Servicio Andaluz de Empleo, deberán encontrarse en alguna de estas situaciones.

Para participar en este proceso de selección es imprescindible la inscripción como demandante en los Servicios Públicos de Empleo y que los datos registrados en su demanda cumplan los requisitos de la oferta.

ARQUITECTO TECNICO

Código del anuncio	01\2024\025098
Nombre del anuncio	ARQUITECTO TECNICO
Descripción del anuncio	Código Oferta: 01\2024\025098 Tipo de Oferta: EMPLEO. Dígito numérico aleatorio de desempate en la ordenación: 69172025. Carácter alfabético aleatorio de desempate en la ordenación: L. Entidad pública ubicada en Villaviciosa de Córdoba oferta 1 puesto de Arquitecto Técnico para cubrir una baja por IT. Fecha de incorporación inmediata. Horario a jornada completa de 08:00 a 15:00, salario mensual de 2514,41 . Imprescindible la titulación reglada requerida para el ejercicio del puesto de trabajo. Fin de la difusión de esta oferta el 28-08-2024.
Número de puestos	1

Anuncios de Empleo

- **Datos del anuncio**
- Características del puesto
- Requisitos

Continúa en página siguiente >>

<< Viene de página anterior

SOLUCIÓN

En primer lugar, habrá que destacar que se trata de una oferta de empleo pública de una entidad Pública de la localidad de Villaviciosa de Córdoba, para cubrir una vacante de Arquitecto/a técnico. Se encuentra publicada a través de una oficina del servicio andaluz de empleo, que constituye un servicio autonómico de empleo. Son los intermediadores laborales, ya que hacen de intermediarios entre la entidad pública que presenta un puesto vacante y las posibles candidaturas a dicha oferta. Por último, como se puede ver, la oferta es publicada a través de Internet.

2.3. Manejo de guías sobre itinerarios integrados de inserción sociolaboral

Los itinerarios integrados de inserción laboral se podrían definir como "el conjunto integral de actuaciones consensuadas entre el mediador laboral y la persona demandante de empleo, que tiene como objetivo la mejora de la empleabilidad de la persona que demanda empleo para conseguir la inserción laboral y social de la misma" (Álvarez Cortés, J.C., 2012). Los principales elementos a destacar en los itinerarios integrados de inserción laboral son:

- Los itinerarios de inserción laboral no conforman acciones individuales, se desarrollan a través de procesos. Su objetivo es la mejora de la situación laboral de las personas.
- En los itinerarios de inserción laboral se integran, de forma secuencial, las diferentes etapas de las que consta, tanto si a nivel individual se pasa por ellas o no.
- Se opera en un plan de trabajo para que la intervención sea de carácter personalizado.
- Los itinerarios deben estar dirigidos a aquellas personas o grupos de personas, que se encuentren con alguna dificultad añadida, además del desempleo. Como dificultad añadida se puede entender la carencia de competencias personales y/o profesionales o bien la pertenencia a un grupo de exclusión o en riesgo de exclusión social.

- Los itinerarios de inserción sociolaboral van a suponer la combinación de dotación y distribución de recursos con el conocimiento sobre el mercado de trabajo, el tejido empresarial y los niveles de desempleo, todo ello a nivel territorial.
- Como condición para su aplicación debe contar con equipos de trabajo multidisciplinares y especializados. El itinerario debe incorporar, por tanto, elementos para la coordinación de los recursos y servicios que intervienen en el proceso de inserción sociolaboral.
- El enfoque de un itinerario de inserción sociolaboral, entendido como servicio, debe ser mixto. Es decir, debe atender tanto a lo psicosocial como a los aspectos económicos.
- Para que sea integral, debe partir del diagnóstico y evaluación de necesidades de los beneficiarios, así como su posible derivación a otros recursos.

Actividades

10. Busque en Internet algunos ejemplos de itinerarios integrados de inserción sociolaboral y destaque en ellos sus principales características.

El principal objetivo de la metodología de los itinerarios de inserción sociolaboral va a consistir en propiciar la integración de los diferentes recursos y servicios que están disponibles para salvar los obstáculos con que se pueden encontrar las personas a la hora de acceder al mercado de trabajo, así como mejorar su situación sociolaboral.

En este sentido, será importante atender a algunos conceptos clave para el adecuado desarrollo de los itinerarios, como son:

- **Competencia:** se define competencia como el conjunto de conocimientos, destrezas, aptitudes y actitudes para desempeñar eficazmente una ocupación. Estas competencias van a permitir a la persona trabajadora resolver problemas de forma autónoma y flexible. Las competencias podrán basarse en conocimientos y técnicas para el desempeño de una ocupación, conocimientos culturalmente reconocidos como requisitos necesarios para acceder a un trabajo y las habilidades y actitudes para actuar competentemente en una ocupación.

- **Empleabilidad:** consiste en el conjunto de factores que permiten a la persona estar en sintonía con el mercado de trabajo. Se podrá entender como las facilidades o dificultades para situarse de manera favorable ante oportunidades de empleo y la capacidad para adaptarse a los cambios del mercado de trabajo. Los factores que intervienen en la empleabilidad de una persona son los siguientes:

    - **Ocupabilidad:** conocimientos y destrezas que permiten desarrollar las actividades de un determinado puesto de trabajo.
    - **Contratabilidad:** se basa en la disponibilidad laboral y en las características o recursos personales.
    - **Aspectos personales:** actitudes de la persona ante el empleo, la formación, el proyecto profesional..., asimismo incluye características como la adaptabilidad, la autoestima, el estilo cognitivo, adaptación a las normas...
    - **Perfil competencial:** se basa en la flexibilidad y capacidad de trabajo en equipo.
    - **Entorno sociocultural:** entorno social de referencia.

Aunque en los siguientes apartados se verán de forma específica cada una de las partes de un itinerario de inserción profesional y sus implicaciones desde el punto de vista de género, a continuación se verán los cuatro bloques en los que, de forma general, se constituyen dichos itinerarios:

- **Acogida inicial:** consiste en una entrevista, ya sea grupal o individual, que tendrá como objetivo recoger la demanda inicial propiciando un clima de confianza y valoración. En ella se tomará toda la información sobre la persona beneficiaria, desde datos personales como profesionales, además se deberá informar a la persona sobre los itinerarios, así como las fases a seguir en el proceso de inserción sociolaboral. Se deberá usar una metodología activa fomentando la empatía y el desarrollo del diálogo en un clima de confianza mutua y reflexión.

- **Orientación laboral:** la orientación se concebirá como un proceso de identificación y gestión de las capacidades y recursos personales y profesionales, que tendrá como objetivo la elaboración y puesta en práctica del proyecto de inserción sociolaboral. En esta fase será recomendable que la persona usuaria conozca en qué situación se encuentra con respecto al empleo, sus debilidades, carencias y sus potencialidades, por lo que será recomendable la elaboración de una matriz DAFO. Una vez la persona es consciente de su situación se le prestará el apoyo al diseño y elaboración de su currículum, técnicas de búsqueda de empleo, etc.
- **Formación:** como parte del itinerario de inserción se podrán realizar diferentes acciones de formación, que tendrán como objetivo la mejora de las cualificaciones profesionales de los participantes, en base a los diferentes perfiles laborales, con el fin de mejorar las posibilidades de acceso y permanencia en el mundo laboral.
- **Acompañamiento a la inserción:** se realiza paralelamente al proceso de orientación y formación permitiendo abordar y buscar soluciones a los problemas específicos de la persona o colectivo objeto del programa de inserción sociolaboral, tales como problemática legal (desconocimiento de las normativas laborales, falta de documentación...), problemática en torno a la vivienda (búsqueda, intermediación en situaciones de alquileres...), acompañamiento al empleo (entrevistas de selección, captación de recursos de empleo...) y acompañamiento a los recursos formativos y educativos.

Definición

Matriz DAFO

Consiste en una metodología de estudio de situación de una empresa, proyecto o, en el caso que se está viendo, las posibilidades y recursos de una persona en el ámbito laboral, analizando, por un lado, sus características internas que constituyen sus debilidades y fortalezas y, por otro lado, su situación externa, que constituyen sus amenazas y oportunidades, en una matriz cuadrada. A partir de estos datos se podrá establecer una estrategia de futuro.

Las guías en las que se establezcan los itinerarios integrados de inserción laboral, van a contener, de uno u otro modo, apartados en referencia a estos cuatro grandes bloques; dichas guías van a constituir protocolos de actuación en materia de inserción sociolaboral para mujeres. Contendrán, además, de forma específica la presentación sobre el colectivo prioritario de las acciones.

Actividades

11. Busque en Internet diferentes ejemplos de guías para la inserción sociolaboral.
12. ¿Qué elementos tienen en común? ¿Cuáles son los elementos diferenciadores?

3. Métodos para la caracterización de la iniciativa empresarial y el empleo autónomo de las mujeres

El trabajador autónomo o por cuenta propia se podría definir como la persona física que realiza, de forma habitual, personal y directa una actividad empresarial. Pueden ser empresarios/as individuales:

- Las personas mayores de edad que tengan libre disposición sobre sus bienes.
- Las personas menores de edad emancipadas, con las limitaciones que se establecen en el artículo 323 del Código Civil.
- Las personas menores de edad y las personas con discapacidad, a través de sus representantes legales.

Una de las características del trabajo autónomo es que la responsabilidad es ilimitada, respondiendo frente a las actividades del negocio con su propio patrimonio individual en el caso de ser necesario.

El trabajo por cuenta propia o autónomo se regula por un Estatuto aprobado por ley (Estatuto del Trabajo Autónomo, Ley 20/2007, de 11 de julio) en el que se determina el ámbito de aplicación, el régimen profesional del trabajo autónomo, se crea la figura del trabajador autónomo económicamente dependiente, que ha sido objeto de desarrollo reglamentario, se reconocen los derechos colectivos, la representatividad de sus asociaciones, la protección social y se impulsa la promoción del trabajo autónomo.

Importante

El miércoles 25 de octubre de 2017 fue publicada en BOE la Ley 6/2017, de 24 de octubre, de Reformas Urgentes del Trabajo Autónomo, donde se introducen una serie de medidas en cuanto a fiscalidad y pago de cuotas de cotización que pretenden facilitar el flujo de entrada de trabajadores/as autónomos/as en el mercado laboral.

Actividades

13. Localice y lea detenidamente el Estatuto del Trabajo Autónomo, ¿en qué consiste un trabajador autónomo económicamente dependiente?

3.1. Trabajo por cuenta propia o autónomo, concepto y características

El Estatuto del Trabajo Autónomo se aplicará a las personas físicas que realicen, de forma habitual, personal, directa, por cuenta propia y fuera del ámbito de dirección y organización de otra persona, una actividad económica o profesional a título lucrativo, den o no ocupación a personas trabajadoras por cuenta ajena. También se aplicará a los siguientes colectivos, siempre que cumplan los requisitos anteriores:

a. Los socios industriales de sociedades regulares colectivas y de sociedades comanditarias.

b. Los comuneros de las comunidades de bienes y los socios de sociedades civiles irregulares, salvo que su actividad se limite a la mera administración de los bienes puestos en común.

c. Quienes ejerzan las funciones de dirección y gerencia que conllevan el desempeño del cargo de consejero o administrador, que presten otros servicios para una sociedad mercantil capitalista, a título lucrativo y de forma habitual, personal y directa, cuando posean el control efectivo, directo o indirecto de aquella en los términos previstos en el texto refundido de la Ley General de la Seguridad Social aprobado por el Real Decreto Legislativo 8/2015, de 30 de octubre.

d. Los trabajadores autónomos económicamente dependientes a los que se refiere Capítulo III del Título II de la presente Ley.

e. Cualquier otra persona que cumpla con los requisitos establecidos en el artículo 1.1 de la presente Ley.

Esta ley también les será de aplicación a las personas trabajadoras autónomas extranjeras que reúnan los requisitos previstos en la Ley Orgánica 4/2000, de 11 de enero, de derechos y libertades de los extranjeros en España y su integración social.

Las personas trabajadoras autónomas tienen los siguientes derechos básicos individuales, con el contenido y alcance para que cada uno de ellos disponga de su normativa específica:

- El derecho al trabajo y a la libre elección de profesión u oficio.
- Libertad de iniciativa económica y derecho a la libre competencia.
- Derecho de propiedad intelectual sobre sus obras o prestaciones protegidas.

Para el ejercicio de su actividad profesional, tienen los siguientes derechos individuales, en base a la Ley 20/2007, de 11 de julio, del Estatuto del Trabajo Autónomo:

- A la igualdad ante la ley y a no ser discriminados, directa o indirectamente, por razón de nacimiento, origen racial o étnico, sexo, estado civil, religión, convicciones, discapacidad, edad, orientación sexual, uso de algunas de las lenguas oficiales dentro de España o cualquier otra condición o circunstancia personal o social.

- A no ser discriminados por razones de discapacidad, de conformidad con lo establecido en el texto refundido de la Ley General de derechos de las personas con discapacidad y de su inclusión social, aprobado por el Real Decreto Legislativo 1/2013, de 29 de noviembre.
- Al respeto a su intimidad y a la consideración debida de su dignidad, así como una adecuada protección frente al acoso sexual y al acoso por razón de sexo o por cualquier otra circunstancia o condición personal o social.
- A la formación y readaptación profesionales.
- A su integridad física y a una protección adecuada a su seguridad y salud en el trabajo.
- A la percepción puntual de la contraprestación económica convenida por el ejercicio profesional de su actividad.
- A la conciliación de su actividad profesional con la vida personal y familiar, con derecho a suspender su actividad en las situaciones de nacimiento y cuidado del lactante, riesgo durante el embarazo, riesgo durante la lactancia y adopción y acogimiento familiar, de conformidad con el Código Civil o las leyes de las comunidades autónomas que lo regulen, siempre que su duración no sea inferior a un año.
- A la asistencia y prestaciones sociales suficientes ante situaciones de necesidad, de conformidad con la legislación de la Seguridad Social.
- Al ejercicio individual de las acciones derivadas de su actividad profesional.
- A la tutela judicial efectiva de sus derechos profesionales, así como el acceso a los medios extrajudiciales de solución de conflictos.

Asimismo en el propio Estatuto del Trabajo Autónomo, regulado en la Ley 20/2007, de 11 de julio, se normalizan como deberes profesionales básicos de las personas trabajadoras autónomas los siguientes:

- Las obligaciones derivadas de los contratos por ellos celebrados, a tenor de los mismos y con las consecuencias, según su naturaleza, sean conformes a la buena fe, a los usos y a la ley.
- Las obligaciones en materia de seguridad y salud laborales que la ley o los contratos que tengan suscritos les impongan, así como seguir las normas de carácter colectivo derivadas del lugar de prestación de los servicios.

- Las obligaciones fiscales y tributarias establecidas legalmente.
- El cumplimiento de las normas deontológicas aplicables a su profesión.
- Cualesquiera otras obligaciones derivadas de la legislación aplicable.

Actividades

14. Realice un mapa conceptual donde se sitúe la definición de trabajador/a autónomo/a, sus derechos y obligaciones.

Una vez se han visto las características principales del trabajo autónomo o por cuenta propia, se verán los recursos disponibles para impulsar el trabajo autónomo, así como los recursos y herramientas puestos a disposición del emprendimiento de las mujeres.

Aplicación práctica

Ana se encontraba en situación de desempleo y tras varios meses intentando conseguir un trabajo por cuenta ajena sin resultado ha decidido abrir su propio negocio. Ana es arquitecta y ha creado su propio estudio de arquitectura; lleva ya 6 meses con el estudio abierto y funciona bastante bien. Hace dos días recibió la feliz noticia de que estaba embarazada y ahora se encuentra preocupada por las siguientes cuestiones: ¿Tendrá derecho a disfrutar de un periodo por nacimiento y cuidado de menor? ¿Tendrá derecho a recibir alguna prestación económica durante ese periodo?

SOLUCIÓN

Ana tendrá derecho a la conciliación de su vida profesional y familiar y se establece como derecho específicamente el de suspender su actividad cuando esté en situación de nacimiento

Continúa en página siguiente >>

<< Viene de página anterior

de un menor.. Asimismo, se establece como derecho la asistencia y prestaciones sociales suficientes ante situaciones de necesidad, de conformidad con la legislación de Seguridad Social, por lo que se podrá entender como un derecho cobrar alguna prestación en esta situación, siempre atendiendo a la legislación de la Seguridad Social vigente.

3.2. Manejo de recursos disponibles para impulsar el proceso para la creación y/o consolidación de una empresa

En el empleo por cuenta propia o autoempleo, como ya se ha visto anteriormente, es el propio trabajador el que crea su puesto de trabajo, es decir, es quien genera una actividad económica que le permitirá desarrollar una labor profesional y obtener unos beneficios económicos. Se trata, por lo tanto, de que la persona trabajadora se convierta en empresario/a.

Antes de llevar a cabo una iniciativa empresarial es muy importante realizar un cuidadoso análisis de diversos aspectos relacionados tanto con la persona trabajadora como con la actividad económica que se va a desarrollar, tales como:

- Las cualidades del propio emprendedor/a.
- La idea de negocio que se desea desarrollar.
- Las posibilidades de éxito de este negocio en el ámbito geográfico en el que se va a establecer.
- La inversión necesaria para su puesta en marcha...

En la actualidad, los servicios públicos de empleo tienen entre sus principales cometidos fomentar el espíritu emprendedor y promover el autoempleo mediante la concesión de ayudas y subvenciones que apoyen esta iniciativa.

El objetivo de los servicios públicos de empleo va a consistir en ofrecer acciones de orientación profesional a personas que se encuentran en situación de desempleo. En el caso de que fuese necesario, debido principalmente a un excesivo volumen de personas, y de que los servicios públicos de empleo no pudiesen prestar esta orientación o hacerlo de la forma óptima, se podrán subvencionar a entidades o instituciones sin ánimo de lucro para que lleven a cabo estas acciones, publicando una convocatoria de subvenciones.

Estas acciones son:

- La orientación profesional para el empleo.
- Asistencia para el autoempleo.

Las acciones de orientación y asistencia para el autoempleo estarán desarrolladas por los servicios públicos de empleo de las comunidades autónomas y financiadas por el servicio público de empleo estatal, con cargo a los fondos acordados por la conferencia sectorial de empleo y asuntos laborales, de acuerdo a la normativa básica estatal y sus correspondientes convocatorias.

La gestión y tramitación de dichas subvenciones establecidas en el programa corresponderá a los órganos o entidades correspondientes de las comunidades autónomas a excepción de las ciudades autónomas de Ceuta y Melilla que serán gestionadas por el servicio público de empleo estatal.

Las acciones previstas en la normativa estatal para la asistencia al autoempleo se centrarán en los/as demandantes que accederán, de acuerdo con sus requerimientos, bien a sesiones colectivas de información y motivación para el autoempleo, bien a una acción individual de asesoramiento de proyectos empresariales:

- **Información y motivación para el autoempleo:** se trata de acciones colectivas encaminadas hacia la iniciativa empresarial, proporcionándole la información necesaria para llevar a cabo un proyecto de empresa. El principal objetivo de esta acción va a consistir en que las o los usuarios del servicio obtengan información sobre el autoempleo, tanto como vía de acceso al mundo laboral como para poder desarrollar todos los aspectos de un plan de negocio. Los contenidos girarán en torno a:

- El autoempleo: la persona emprendedora y la idea.
- Elaboración del Plan de empresa.
- Las formas jurídicas, ayudas, subvenciones y trámites de constitución y puesta en marcha de la empresa.

- **Asesoramiento de proyectos empresariales:** el objetivo de estas acciones será el de guiar a las personas emprendedoras en la elaboración del proyecto empresarial, el plan de empresa y su puesta en marcha, apoyando y asesorando sobre los aspectos que presenten mayores dificultades. El asesoramiento estará enfocado principalmente al estudio del mercado y a la elaboración del plan de *marketing,* el plan de producción, el plan económico financiero y la elección de la forma jurídica de la empresa.

En la tabla que se expone a continuación se realiza un breve resumen de los recursos para el autoempleo que tienen disponibles las diferentes comunidades autónomas:

Comunidad autónoma	Recurso
Andalucía	Andalucía Emprende
	Andalucía LAB
	Agencia de Innovacion y Desarrollo de Andalucia (IDEA)
Aragón	Instituto Aragonés de la Juventud. Recursos de empleo para jóvenes
	Departamento de Empleo, Ciencia y Universidades
	Club Virtual "Emprender en Aragón"
	Centro Europeo de Empresas e Innovación Aragón (CEEIARAGÓN)
Principado de Asturias	Asociación de centros de empresas públicos del Principado de Asturias
	Centro Europeo de Empresas e Innovación del Principado de Asturias
	Portal de empredimiento de la Cámara de Comercio de Asturias
	Agencia de Ciencia, Competitividad Empresarial e Innovación Asturiana (Sekuens)

Continúa en página siguiente >>

<< Viene de página anterior

Comunidad autónoma	Recurso
Islas Baleares	Agencia de desarrollo regional de las Islas Baleares (ADR)
	PalmaActiva
	ISBA SGR (Entidad financiera sin ánimo de lucro)
Canarias	Servicio Canario de Empleo
	Red Canaria de Centros de Innovación y Desarrollo Empresarial (REDCIDE)
	Unidad de Promoción de Empresas (RED UPE)
Cantabria	Cantabria Emprende
	Emplea Cantabria. Servicio Cántabro de Empleo (EMCAN)
	Centro de asesoramiento y promoción laboral y empresarial (CAPLEA)
	Sociedad para el desarrollo regional de Cantabria (SODERCAN)
Castilla-La Mancha	Red de Oficinas Emplea
	Centro de Desarrollo de Competencias Digitales (BILIB)
	Portal de orientación profesional (POP)
	Parque científico y tecnológico de Castilla-La Mancha
Castilla y León	Wolaria. Aceleradora de empresas
	Lanzadera de ideas innovadoras
	Oficina del Emprendedor ICE
	Estrategia de emprendimiento e innovación 2027 (EEI27)
Cataluña	Canal Empresa
	ACCIÓ - Agencia para la competitividad de la empresa
	Xarxa emprén
Extremadura	Programa Cultura Emprendedora
	Portal de Extremadura Empresarial
	Extremadura Avante

Continúa en página siguiente >>

<< Viene de página anterior

Comunidad autónoma	Recurso
Galicia	Instituto Gallego de Promoción Económica (IGAPE)
	Oficina Virtual del empleo autónomo
	Portal Xuventude mentoring
	Directorio de mujeres expertas
La Rioja	Agencia de desarrollo económico de La Rioja (ADER)
	EmprendeRioja
	Red de agentes de promoción de empleo local (APEL)
Comunidad de Madrid	Madrid Emprende
	Avalmadrid
	Servicio Autoempleo y emprendimiento. Portal Comunidad de Madrid
Región de Murcia	Servicio Regional de Empleo y Formación (SEFCARM)
	Instituto de Fomento de la Región de Murcia
	Centros locales de empleo para mujeres y jóvenes
Navarra	Navarra Emprende
	Centro Europeo de Empresas e Innovación de Navarra (CEIN)
	Sociedad de Desarrollo de Navarra (SODENA)
País Vasco	Lanbide. Servicio Vasco de empleo
	Asociación Vasca de Agencias de Desarrollo (Garapen)
	Up! Euskadi. Ecosistema vasco de emprendimiento
Comunidad Valenciana	Servicio Valenciano de Ocupación y Formación (LABORA)
	Red de Agentes de Desarrollo Local (Red ADL)
	Valéncia Activa
Ciudad autónoma de Ceuta	Agencia de Empleo y Desarrollo Local (AEDL)
	Consejería de Economía, Hacienda, Administración Pública y Empleo
Ciudad autónoma de Melilla	Agencia de Empleo y Desarrollo Local (AEDL Melilla)
	Promoción Económica de Melilla (PROMESA)

Además de estos recursos disponibles que ofrecen asesoramiento e información para emprendedores, es posible encontrar también diferentes programas o recursos de ámbito local y/o territorial que apoyan el emprendimiento.

Actividades

15. Acceda a través de Internet a dos de los servicios que ofrecen las diferentes comunidades autónomas, ¿qué características tienen estos servicios?
16. ¿Conoce algún recurso más además de los que se encuentran expuestos en la tabla anterior? Descríbalo.

3.3. Planes y ayudas para las mujeres emprendedoras

En este apartado será necesario destacar que, aunque existen algunas ayudas de carácter estatal, la mayoría de los recursos son gestionados por las comunidades autónomas que tienen transferidas las competencias en materia de empleo. Los planes y ayudas se pueden clasificar en los siguientes:

- **Capitalización desempleo o pago único:** el pago único es una medida de fomento de empleo que pretende facilitar la puesta en marcha de iniciativas de autoempleo, que consistan en iniciar una actividad laboral como trabajador/a por cuenta propia o en incorporarse como socio/a trabajador/a o de trabajo en cooperativas o sociedades laborales o mercantiles en funcionamiento o de nueva creación. Los requisitos para poder beneficiarse son:
  - Percibir la prestación contributiva por haber cesado de forma definitiva en su relación laboral.
  - Tener, al menos, tres meses de prestación pendientes de percibir.
  - No haber obtenido el reconocimiento de un pago único en los 4 años anteriores a la fecha de solicitud.
  - No haber compatibilizado el trabajo por cuenta propia con la prestación contributiva en los 24 meses anteriores a la solicitud.

- Que la actividad profesional que va a desarrollar sea una de las siguientes:

  - Como persona trabajadora autónoma o autónoma socia de sociedad mercantil ya constituida o de nueva creación.
  - Socio/a trabajador/a de una cooperativa o sociedad laboral ya constituida o de nueva creación.

- Iniciar la actividad en el plazo máximo de 1 mes desde la concesión del derecho y siempre con fecha posterior a la solicitud.
- Como persona trabajadora autónoma se tienen las siguientes alternativas para la capitalización:

  - En el primer caso, se puede obtener en un solo pago la cantidad que se justifique como inversión necesaria para iniciar la actividad, y en el segundo se puede obtener la aportación al capital social de la sociedad, con el límite, en ambos casos, del 100 % del importe total pendiente de percibir. Si no se obtiene el total de la cuantía de la prestación en un solo pago, se puede solicitar simultáneamente el abono del importe restante para financiar el coste de las cuotas mensuales de Seguridad Social (SS) durante el desarrollo de la actividad.
  - Se puede solicitar y obtener exclusivamente la cantidad que se justifique como inversión en el caso de trabajador/a autónomo/a, o exclusivamente la aportación al capital social de la sociedad en el supuesto de persona trabajadora autónoma socia de una sociedad mercantil.
  - Se puede solicitar y obtener exclusivamente el importe total de la prestación pendiente de percibir para la subvención de cuotas mensuales a la Seguridad Social.

- **Fomento del trabajo autónomo:** consisten en una serie de reducciones y bonificaciones a la Seguridad Social aplicables a trabajadores/as por cuenta propia según lo establecido en el Real Decreto-ley 13/2022, de 26 de julio. Estas son:

- Trabajadores/as autónomos/as que causen alta inicial o que no hubieran estado de alta en los 2 años inmediatamente anteriores en el Régimen Especial de Trabajadores Autónomos (RETA):

  - En general, se aplica una cuota reducida por contingencias comunes y profesionales de cuantía determinada según los presupuestos generales del Estado, estando exentos de cotizar por los conceptos de cese de actividad y formación profesional. Su duración es durante los 12 meses siguientes al alta.
  - Además, cuando los rendimientos económicos netos anuales sean inferiores al SMI anual, también pueden aplicarse una cuota reducida durante los 12 meses naturales siguientes al periodo anterior.
  - La duración de estas cuotas es de 24 y 36 meses, en el caso de tener una discapacidad igual o superior al 33 % o ser víctima de violencia de género o de terrorismo.

- Trabajadores/as autónomos/as que estén percibiendo la prestación para el cuidado de menores afectados por cáncer u otra enfermedad grave:

  - Cuantía: 75 % de la cuota por contingencias comunes que resulte de aplicar a la base media de los 12 meses anteriores a la fecha de inicio de esta bonificación el tipo de cotización vigente, excluida la cotización por IT derivada de contingencias comunes, en el RETA.
  - Duración: el tiempo que dure la prestación para el cuidado del menor enfermo.

- Trabajadores/as autónomos/as que posean una empresa emergente y a la vez trabajen por cuenta ajena para otra entidad:

  - Cuantía: bonificación del 100 % de la cuota que se corresponde con la base mínima general del régimen especial durante los tres primeros años.
  - Duración: mientras exista la situación de pluriactividad y como máximo durante los 3 primeros años desde la fecha de alta en el RETA por la actividad de la empresa emergente.

- Autónomos/as que se encuentren de baja por nacimiento y cuidado de menor, adopción, guarda con fines de adopción, acogimiento, riesgo durante el embarazo o riesgo durante la lactancia natural:

  - Cuantía: 100 % de la cuota por contingencias comunes que resulte de aplicar a la base media de los 12 meses anteriores a la fecha en la que se acoja a esta medida, el tipo de cotización vigente, excluida la cotización por IT derivada de dichas contingencias.
  - Duración: la duración será durante el periodo de descanso; mínimo un mes.

- Trabajadoras autónomas que se reincorporen al trabajo en determinados supuestos.

  - Cuantía: las trabajadoras autónomas que hubieran cesado en su actividad por nacimiento de hijo, adopción, guarda con fines de adopción, acogimiento y tutela y vuelvan a realizar una actividad por cuenta propia en los 2 años siguientes a la fecha de cese, tendrán una bonificación equivalente al 80 % de la cuota por contingencias comunes que resulte de aplicar a la base media que tuviera la trabajadora en los 12 meses anteriores a su cese de actividad, el tipo de cotización vigente, excluida la cotización por IT derivada de dichas contingencias.
  - Duración: durante los 24 meses siguientes a la fecha de reincorporación.

Nota

Además de los incentivos a la Seguridad Social, las personas trabajadoras autónomas cuentan con bonificaciones por conciliación de la vida profesional y familiar, con ayudas ICO y con ayudas de las CC. AA.

Aplicación práctica

Laura tiene 28 años y ha decidido montar su propia empresa. En concreto es una apasionada de las motos, es mecánica de profesión y ha decidido montar su propio taller especializado. Actualmente, Laura estaba en situación de desempleo, le quedan 2 meses de prestación por esta causa y ha decidido que le vendría bien poder capitalizar dicho desempleo para poder invertir algo más en su taller. Además le gustaría informarse sobre si tiene derecho a otras ventajas como pueden ser subvenciones o bonificaciones en la Seguridad Social. En base a las ayudas vistas anteriormente, ¿con cuáles podría contar Laura?

SOLUCIÓN

Laura no tendría derecho a capitalizar la prestación por desempleo, pues ya solo le quedan dos meses de prestación por percibir y el mínimo exigido para poder capitalizar es de 3 meses por percibir.

Por otro lado, ya que Laura es la primera vez que va a estar de alta en el RETA se puede beneficiar de la bonificación por inicio de actividad, que consiste en:

- Una cuota reducida por contingencias comunes y profesionales de cuantía determinada según los presupuestos generales del Estado, estando exentos de cotizar por los conceptos de cese de actividad y formación profesional. Su duración es durante los 12 meses siguientes al alta.
- Además, cuando los rendimientos económicos netos anuales sean inferiores al SMI anual, también pueden aplicarse una cuota reducida durante los 12 meses naturales siguientes al periodo anterior.

Dentro de los programas y actuaciones vigentes a nivel estatal para el fomento del empleo se pueden encontrar las bonificaciones a la contratación indefinida por parte de las empresas; dichas bonificaciones se recogen en la siguiente tabla:

<table>
<tr><th colspan="5">Bonificaciones a la contratación indefinida</th></tr>
<tr><th colspan="2">Colectivos</th><th>Descripción</th><th>Cuantía anual (en euros)</th><th>Duración</th></tr>
<tr><td colspan="2">Víctimas de terrorismo, de violencia de género, de trata de seres humanos o de violencias sexuales (tanto laboral como con fines de explotación sexual)</td><td>En general</td><td>1.536</td><td>4 años</td></tr>
<tr><td colspan="2" rowspan="3">Personas desempleadas e inscritas en la oficina de empleo al menos 12 meses en los 18 anteriores a la contratación</td><td>Hombres menores de 45 años</td><td>1.320</td><td rowspan="2">3 años</td></tr>
<tr><td>Hombres mayores de 45 años</td><td>1.536</td></tr>
<tr><td>Mujeres (en general)</td><td>1.536</td><td>3 años</td></tr>
<tr><td colspan="2">Personas en situación de exclusión social</td><td>En general</td><td>1.536</td><td>4 años</td></tr>
<tr><td rowspan="4">Personas menores de 45 años con discapacidad</td><td rowspan="2">Hombres</td><td>Discapacidad ordinaria</td><td>4.500</td><td rowspan="6">Toda la vigencia del contrato</td></tr>
<tr><td>Discapacidad severa</td><td>5.100</td></tr>
<tr><td rowspan="2">Mujeres</td><td>Discapacidad ordinaria</td><td>5.350</td></tr>
<tr><td>Discapacidad severa</td><td>5.950</td></tr>
<tr><td colspan="2" rowspan="2">Personas mayores de 45 años con discapacidad</td><td>Discapacidad ordinaria</td><td>5.700</td></tr>
<tr><td>Discapacidad severa</td><td>6.300</td></tr>
<tr><td colspan="2" rowspan="2">Transformaciones en indefinidos de contratos formativos (Formación en alternancia y obtención de la práctica profesional)</td><td>Hombres</td><td>1.536</td><td rowspan="2">3 años</td></tr>
<tr><td>Mujeres</td><td>1.764</td></tr>
<tr><td colspan="2" rowspan="2">Transformación en indefinido de contratos de relevo</td><td>Hombres</td><td>660</td><td rowspan="2">3 años</td></tr>
<tr><td>Mujeres</td><td>876</td></tr>
</table>

Bonificaciones en supuestos excepcionales de contratación temporal						
		Cuantía anual (en euros)				
Colectivos		Hombres menores de 45 años	Hombres mayores de 45 años	Mujeres menores de 45 años	Mujeres mayores de 45 años	Duración
Personas con discapacidad con contrato temporal de fomento de empleo	Discapacidad ordinaria	3.500	4.100	4.100	4.700	Toda la vigencia del contrato
	Discapacidad severa	4.100	4.700	4.700	5.300	
Contratos temporales con desempleado/as para sustituir a trabajadoras autónomas en los supuestos de riesgo durante el embarazo, riesgo durante la lactancia natural, nacimiento y cuidado de menor o ejercicio corresponsable del cuidado de la o del lactante		366 €/mes				Periodo de sustitución

Bonificaciones para la contratación de personas con discapacidad por los centros especiales de empleo

Colectivos	Cuantia anual (en euros)	Duración
Contratos indefinidos o temporales y transformaciones en indefinidos de contratos temporales	100 por 100 de las cuotas empresariales a la Seguridad Social, incluidas las de accidentes de trabajo y enfermedad profesional y las cuotas de recaudación conjunta	Toda la vigencia del contrato

Las ayudas previstas en la normativa estatal para el fomento del empleo autónomo son:

1. Subvención por el establecimiento como trabajador autónomo o por cuenta propia hasta un máximo 10.000 €, cuantía a determinar por cada Comunidad Autónoma para los siguientes colectivos:

- Desempleados/as en general.
- Jóvenes desempleados/as de 30 o menos años.
- Mujeres desempleadas.
- Desempleados/as con discapacidad.
- Mujeres desempleadas con discapacidad.

En el supuesto de mujeres víctimas de violencia de género, las cantidades anteriores se incrementarán en un 10 %.

La concesión de esta ayuda suele estar condicionada con carácter general a que el beneficiario realice una inversión en inmovilizado o activos de al menos 5.000 €, sin incluir impuestos cuando sean susceptibles de recuperación o compensación, en el periodo comprendido entre los tres meses anteriores al inicio de la actividad y los seis meses posteriores a dicho inicio.

Por otra parte, estas ayudas suelen requerir el compromiso de permanecer dos o tres años como autónomo, de lo contrario, habrá que devolverlas.

2. Subvención financiera. Esta subvención será equivalente a la reducción de hasta 4 puntos del interés fijado por la entidad de crédito pública o privada que conceda el préstamo, siendo el límite de la subvención un máximo de 10.000 €. El préstamo deberá destinarse, al menos en un 75 %, a financiar inversiones en inmovilizado fijo, pudiéndose destinar hasta un 25 % a financiar el activo circulante. En todo caso, el beneficiario deberá realizar una inversión en inmovilizado fijo por cuantía no inferior a 5.000 €.
3. Subvención para asistencia técnica. La cuantía de esta subvención será del 75 % del coste de los servicios prestados, con un tope de 2.000 €.
4. Subvención para formación. La cuantía de esta subvención será del 75 % del coste de los cursos recibidos, con un tope de 3.000 €.

4. Identificación de actuaciones vigentes para la promoción de la participación económica de las mujeres y en el ámbito del empleo

En el marco de las actuaciones vigentes para la promoción de la participación económica de las mujeres y en el ámbito del empleo será necesario destacar, por un lado, las acciones de la normativa comunitaria, enmarcadas en los diferentes planes o estrategias para la igualdad entre mujeres y hombres y, por otro lado, el plan estratégico de igualdad de oportunidades vigente en el ámbito estatal.

La Comisión Europea en materia de igualdad mediante la **Estrategia para la Igualdad de Género 2020-2025** recoge una serie de objetivos estratégicos y acciones claves para ese período. La UE con esta estrategia busca conseguir una Europa en igualdad de género erradicando la violencia de género, la discriminación sexual y las desigualdades estructurales entre mujeres y hombres, en otros aspectos.

Nota

El compromiso que la UE ha adquirido con esta estrategia es contribuir principalmente al Objetivo de Desarrollo Sostenible ODS 5 establecido por la comunidad internacional. A través de la url <https://ec.europa.eu/international-partnerships/sdg/gender-equality_en> se pueden consultar sus puntos claves.

Los objetivos y las acciones para su consecución, que están incluidos en la estrategia europea, son:

OBJETIVOS	ACCIONES
Ni violencia ni estereotipos	a. Poner fin a la violencia de género. b. Combatir los estereotipos de género.
Prosperar en una economía con igualdad de género	a. Reducir las brechas de género en el mercado de trabajo. b. Lograr la participación igualitaria en los distintos sectores de la economía. c. Abordar la brecha salarial y de pensiones entre hombres y mujeres. d. Reducir la brecha de género en las responsabilidades asistenciales.

Continúa en página siguiente >>

<< Viene de página anterior

OBJETIVOS	ACCIONES
Igualdad en los puestos de mando en todos los ámbitos de la sociedad	a. Lograr el equilibrio de género en la toma de decisiones y en la política.
Integración de la perspectiva de género y la perspectiva interseccional en las políticas de la UE	a. Como ejemplos de integración se pueden citar: - El nombramiento de la primera comisaria de igualdad. - Las políticas del Pacto Verde Europeo. - La implicación de las mujeres en el proceso de digitalización. - El intercambio de buenas prácticas en relación a la salud y los derechos sexuales y reproductivos. - La interseccionalidad en las políticas de igualdad de género.
Acciones de financiación para avanzar en la igualdad de género en la UE	a. La Comisión propone integrar la dimensión de género en el marco financiero y sobre todo en instrumentos de financiación disponibles.
Abordar la igualdad de género y el empoderamiento de las mujeres en todo el mundo	a. La UE incluye como objetivos principales en sus acciones exteriores (políticas comerciales, contactos políticos con terceros países, políticas de adhesión), la igualdad de género y el empoderamiento de las mujeres.

A nivel nacional se ha publicado el **III Plan Estratégico de Igualdad entre Mujeres y Hombres 2022-2025.** Este se fundamenta en cuatro ejes básicos de actuación:

- Buen gobierno.
- Economía para la vida y reparto justo de la riqueza.
- Hacia la garantía de vidas libres de violencia machista para las mujeres.
- Un país con derechos efectivos para todas las mujeres.

Cada conjunto de actuaciones cuenta con distintas líneas de trabajo con objetivos específicos y operativos. Su contenido incluye políticas públicas relacionadas con la participación y transversalidad, los salarios de las mujeres, las medidas de empleo, la aplicación del principio de interseccionalidad y medidas específicas para cubrir las necesidades de determinados colectivos de mujeres (del mundo rural, discapacitadas, migrantes, jóvenes, LGTBI y de familias monomarentales).

Actividades

18. La Estrategia Europea para la Igualdad de Género 2020-2025, ¿qué medidas recoge para luchar contra los estereotipos de género?
19. Desde el punto de vista de la igualdad de género, ¿qué es la interseccionalidad?

4.1. Programa de inserción sociolaboral

El Instituto de las Mujeres, lleva a cabo una serie de programas en colaboración con las entidades locales y con diversos tipos de organizaciones en materia de inserción sociolaboral, que se articulan en base a tres ejes: programas en colaboración con empresas, programas en colaboración con entidades locales y programas sectoriales.

Programas en colaboración con empresas

Programa para fomentar la inserción laboral de las mujeres víctimas de violencia de género en el marco de la iniciativa "Empresas por una sociedad libre de violencia de género".

Esta iniciativa se concreta en la firma de convenios de colaboración con empresas de ámbito nacional y en distintos sectores de actividad para promover la sensibilización en materia de violencia de género y para fomentar la integración social y laboral de las mujeres víctimas y, cuando la situación así lo requiera, facilitar su movilidad geográfica. Las empresas que se incluyen en esta iniciativa adquieren el compromiso de desarrollar actuaciones en materia de sensibilización y/o de inserción social y laboral.

Nota

En la actualidad, de las 88 empresas adheridas a esta iniciativa, son ya 45 las empresas que además de realizar acciones de sensibilización han adquirido el compromiso de desarrollar actuaciones en materia de inserción social y laboral.

La integración social y laboral de las mujeres que sufren violencia de género es la mejor forma para garantizar su independencia económica y desempeña un papel esencial en el proceso de recuperación, pues les permite reiniciar una nueva vida alejada de la situación de maltrato, por lo tanto, es labor de las Administraciones Públicas y del sector empresarial promover y facilitar el acceso al empleo.

Entre las entidades que participan en el programa se cuenta con la Cruz Roja Española y Fundación Integra, que desarrollan actuaciones de intermediación laboral entre las empresas y las mujeres víctimas de la violencia de género y, además, diseñan un itinerario personalizado de inserción para cada una de ellas en función de sus necesidades, de modo que puedan acceder al puesto de trabajo ofertado por la empresa en las mejores condiciones para desempeñarlo eficazmente.

Programas territoriales (colaboración con Entidades Locales)

Programa cofinanciado por el Fondo Social Europeo en su Programa Operativo "Lucha contra la discriminación".

Uno de los objetivos fundamentales del Instituto de las Mujeres es promover la mayor participación social y económica de las mujeres, y para ello es importante tener en cuenta tanto su diversidad, como la especificidad del entorno en el que desarrollan sus vidas. Por eso, este organismo lleva a cabo dos programas de similares características, en cuanto a la metodología, aunque eminentemente marcados por las particularidades de los territorios en los que se desarrollan, y las mujeres que habitan en ellos.

Programa CLARA

Tiene como principal objetivo promover que las mujeres que se encuentran en situaciones de especial vulnerabilidad personal, social y laboral, puedan ejercer sus derechos sociales y económicos, eliminando situaciones de riesgo que les lleve a la exclusión.

Este programa está dirigido a las mujeres:

- Víctimas de violencia de género.
- Responsables de núcleos familiares.
- Mayores de 45 años sin titulación.
- Jóvenes.
- Pertenecientes a minorías étnicas.
- Inmigrantes.
- Con discapacidad.
- Reclusas.
- Jóvenes sin titulación o baja cualificación.

Su finalidad es mejorar la calidad de vida de estas mujeres con mayores dificultades de integración social, impulsando aspectos personales y mejorando también su cualificación para acceder al mercado laboral y que, en muchas ocasiones, están fuera del sistema normalizado para la mejora de su cualificación y búsqueda de empleo. El Programa es un itinerario integrado y personalizado de inserción social y laboral que tiene en cuenta tanto las necesidades específicas de cada mujer, como su punto de partida. A lo largo de las fases de su desarrollo se trabaja el fomento de su autoestima y confianza necesaria para que se conviertan en protagonistas activas de su propio proceso de inserción sociolaboral, además de su incorporación y promoción en el empleo mediante información, motivación y asesoramiento, y de la formación ocupacional acorde a las necesidades del mercado laboral de su entorno.

Programa AURORA

El programa se dirige especialmente a aquellas mujeres que, dentro del ámbito rural, tienen mayores dificultades para su desarrollo económico y social por encontrarse en situación o riesgo de especial vulnerabilidad.

Se trabaja mediante un itinerario integrado y de inserción social y laboral que tiene en cuenta tanto las necesidades específicas de cada mujer como su punto de partida. Se trabaja desde el fortalecimiento de la autoestima y confianza necesarias para que se conviertan en protagonistas activas de su propio proceso y se trabaja sobre su incorporación y promoción en el empleo mediante información, motivación y asesoramiento y de la formación ocupacional vinculada a los huecos de mercado de su entorno, con el fin de que su desarrollo profesional consolide su permanencia en el territorio y contribuya a su sostenibilidad.

En este programa se incide además en aspectos relacionados con el emprendimiento y la implantación de proyectos empresariales, como mecanismo clave de dinamización económica en sus territorios.

Programas sectoriales (SARA)

Programa cofinanciado por el Fondo Social Europeo en su Programa Operativo "Lucha contra la discriminación".

Para ayudar a afrontar tanto los problemas económicos, laborales y de formación profesional como la fractura social de las mujeres víctimas de la discriminación múltiple, en situación de especial vulnerabilidad, el Instituto de las Mujeres colabora con distintas entidades de carácter sectorial en el marco del Programa SARA, que agrupa diversas actuaciones dirigidas a mujeres. El proyecto SARA se desarrolla a través de Convenios con Entidades sin ánimo de lucro: Cruz Roja y la Fundación CEPAIM.

Mujeres migrantes

El objetivo es mejorar la calidad de vida de las mujeres inmigrantes, mediante una mejor capacitación para la participación social y, en particular, para el empleo. El programa está dirigido a mujeres inmigrantes, víctimas de barreras sociales y culturales, que obstaculizan su integración sociolaboral.

Consiste en el diseño de itinerarios de inserción con perspectiva de género e intercultural, adaptados a las necesidades y características de cada mujer, con elaboración de contenidos específicos que tengan en cuenta la diversidad. Se lleva a cabo mediante una metodología interactiva que incluye la motivación y el acompañamiento de las mujeres para su participación e integración.

Mujeres pertenecientes a minorías étnicas

Se enmarcan distintas actuaciones que se integran en un itinerario que promueve su inserción social y laboral y que tiene en cuenta las especificidades de las mujeres de etnia gitana, fomentando su autoestima y su autonomía y sensibilizando a su entorno familiar y social en la igualdad de oportunidades entre mujeres y hombres. Asimismo, se incide en facilitarles una mayor formación y cualificación frente al empleo mediante información, motivación y asesoramiento y de la formación para el empleo.

Para el desarrollo del programa se utilizan, como soporte de una metodología interactiva, los distintos instrumentos diseñados en el marco de la colaboración que el Instituto de las Mujeres viene desarrollando con la Fundación Secretariado Gitano:

- Guía de salud para mujeres gitanas.
- Guía de motivación para el desarrollo personal y profesional de las mujeres gitanas.
- Guía de motivación para la formación a lo largo de la vida y la participación social de las mujeres gitanas.
- Cómo actuar con las mujeres gitanas desde los servicios de atención a víctimas de violencia.
- Guía de motivación y recursos mujeres gitanas y nuevas tecnologías.
- Guía mujeres gitanas: coeducación para la mejora de la elección profesional. Perspectiva socioemocional y desarrollo profesional.
- Guía de intervención social con población gitana desde la perspectiva de género.

Mujeres mayores

Las personas desempleadas mayores de 45 años se enfrentan a una barrera, la edad, muy difícil de franquear a la hora de acceder a un empleo. Estas dificultades se acentúan en el caso de las mujeres. Muchas de ellas, sufren una situación de desempleo, bien temporal o prolongado en el tiempo, y ligada al cuidado de los hijos, en muchos casos. Esta situación conlleva la falta de autoestima, de creencia en su propia valía y opinión positiva sobre sí mismas. El reciclaje profesional, la capacidad de aprendizaje permanente se erige en otra barrera infranqueable en muchas ocasiones para estas mujeres. Los nuevos requerimientos tecnológicos y nuevos conocimientos para poder acceder a puestos de trabajo suponen un reto al que, desde el Instituto de las Mujeres, se intenta dar respuesta a través de este Programa desarrollado en colaboración con la Federación Española de Universidades Populares (FEUP) y especialmente enfocado a las mujeres mayores de 45 años que demandan actuaciones dirigidas a su inserción sociolaboral para prevenir esta discriminación múltiple que puede desembocar en situaciones de exclusión social.

Aplicación práctica

Lola ha sufrido durante años la violencia de género. Tiene dos hijos pequeños y era económicamente dependiente de su pareja, por lo que tardó mucho tiempo en denunciar su situación. Por fin ha dado un paso al frente y se ha decidido terminar con su relación; tras celebrarse el juicio se ha condenado a su agresor. Ahora Lola empieza una nueva vida y está motivada por cambiar de lugar de residencia; tras informarse ha entrado en un programa de inserción sociolaboral y ha conseguido un puesto de trabajo dentro de una cadena hotelera. Ella vive en Madrid, pero su nuevo puesto de trabajo está en las Islas Baleares.

¿Podrá Lola cambiar de una localidad a otra conservando su puesto de trabajo dentro de su misma cadena hotelera? ¿Qué programa del Instituto de las Mujeres le ha facilitado la inserción sociolaboral para conseguir el trabajo?

SOLUCIÓN

Sí, siempre y cuando el Hotel para el que trabaje Lola esté acogido al programa de colaboración con empresas del Instituto de las Mujeres "Empresas por una sociedad libre de violencia de género".

Continúa en página siguiente >>

<< Viene de página anterior

El programa de inserción sociolaboral del Instituto de las Mujeres para mujeres víctimas de malos tratos es el Programa Clara, donde se realiza un itinerario específico e individualizado de inserción sociolaboral.

---

5. Participación en las fases de los itinerarios integrados de inserción con perspectiva de género

A lo largo de este apartado se presentarán las medidas a seguir en un itinerario integrado de inserción sociolaboral, conteniendo medidas para favorecer el enfoque de género.

5.1. Acceso a los itinerarios

El acceso a los itinerarios va a encontrarse condicionado, en gran medida, por el sistema de acceso al mismo, de esta manera existirá la posibilidad de disponer, por parte de la organización o entidad gestora de los itinerarios, de una ventanilla única donde se puedan realizar todas las gestiones de las que esta disponga, incluido el acceso a los itinerarios o un sistema de múltiples accesos que aumentará y facilitará el acceso de las personas a los itinerarios.

En este sentido, será necesario destacar que la personas con menores niveles competenciales y de empleabilidad no acuden por sí mismas a los servicios, por lo que se deberá establecer un enfoque de captación activo, mediante la difusión adecuada de las actividades y la toma de medidas de acercamiento activo para llegar a la población que presente situaciones de vulnerabilidad o en canales normalizados de información.

Nota

La situación de exclusión del mercado de trabajo implica frecuentemente una exclusión o mayor alejamiento de los circuitos de prestación de servicios.

Desde la perspectiva de género se promoverá el acercamiento activo de los servicios a través de medidas como las siguientes:

- Contacto con asociaciones de mujeres, inmigrantes, jóvenes, etc.
- Distribución de publicidad en guarderías, colegios, centros de día, centros de salud, polígonos industriales, etc.
- Inserción de cuñas publicitarias en radio y televisión.
- Publicidad en autobuses.
- Acercamiento de los/as profesionales de la inserción sociolaboral a los lugares frecuentados por las personas beneficiarias.

En la fase de acceso a los itinerarios será el personal técnico encargado de atender a las personas la primera vez que acceden a dicho servicio los encargados de realizar una primera valoración del perfil de las personas usuarias, recogiendo la información personal y laboral suficiente para que se pueda establecer la conveniencia de su incorporación a un itinerario integrado de inserción sociolaboral.

Este primer contacto en la fase de acogimiento se denomina como entrevista individualizada semiestructurada. Mediante esta entrevista se recoge, como ya se ha dicho, la información básica y general sobre la situación sociolaboral y económica de las personas. Dicha información se recogerá en fichas, que reunirán los datos básicos de la persona y que permitirá identificarla como potencial beneficiaria de un itinerario.

Importante

La realización de una entrevista individualizada semiestructurada facilitará la toma de contacto y un conocimiento previo sobre la situación social, laboral, familiar, jurídica, sociosanitaria y económica de las personas usuarias, así como identificar si resulta o no conveniente su participación en un itinerario individualizado de inserción sociolaboral.

La temporalidad de la realización de esta primera entrevista es variable, puede realizarse en el primer encuentro o bien aplazarlo a otro momento. El resultado de dicha entrevista puede originar dos situaciones diferenciadas:

1. La persona beneficiaria se muestra interesada, se realiza un diagnóstico de la situación y problemática que presenta la persona para definir los objetivos, contenidos y actividades de su plan de trabajo individual.
2. El resultado de esta entrevista puede dar lugar a determinar que la persona no requiere una situación integral para mejorar su situación o se desaconseja su participación en el itinerario y puede ser derivada a otros servicios que atiendan mejor a las problemáticas detectadas.

A continuación, se detallan aspectos para tener en consideración desde la perspectiva de género:

- El uso de los recursos, tanto los escritos como los visuales, deben estar exentos de contenidos sexistas y con sesgos de género.
- Se deben evitar las imágenes que presenten a mujeres y hombres en actividades ligadas a las funciones de su rol de género.
- En este primer contacto no se debe solo limitar la obtención de información a partir de los datos estándar de su currículum, sino que habrá que profundizar en los aspectos que condicionan su actitud y los tiempos de las mujeres para emplearse: datos de convivencia, personas dependientes, recursos de apoyo, tiempos disponibles, posibilidades de movilidad, intereses, necesidades y expectativas.
- Análisis de las razones que mueven a buscar un empleo en relación a sus deseos propios o en función del resto de personas de su entorno.

5.2. Diagnóstico de la situación sociolaboral

El diagnóstico de la situación sociolaboral deberá permitir conocer la posición en este sentido de las personas y observar la realidad y las problemáticas que viven, identificando cuáles son las señales que verifican la situación de vulnerabilidad y riesgo de exclusión del mercado de trabajo, así como las expectativas y necesidades que perciben los usuarios.

El diagnóstico deberá incluir los siguientes elementos:

- Aspectos psicosociales de la persona.
- Competencias y cualificaciones.
- Voluntad de cambio y autonomía de las personas.
- Información sobre el entorno familiar.

Importante

En todo momento, la persona beneficiaria deberá saber de manera clara qué se pretende conseguir con las entrevistas y cuestionarios realizados, así como conocer los resultados de los procesos para crear un vínculo o relación de confianza que permita el establecimiento de un clima de trabajo adecuado.

Será importante tener en consideración dos aspectos fundamentales en relación a la realización de la entrevista de diagnóstico; en primer lugar, se deberá garantizar la privacidad de los datos aportados por la persona usuaria, así como el análisis exhaustivo de los espacios de trabajo y de los horarios de atención que deben adecuarse a sus necesidades.

Las fases en la realización del diagnóstico son las siguientes:

1. Recopilación de la información a través de una entrevista estructurada. Durante la realización de esta entrevista la persona usuaria deberá aportar la correspondiente información sobre sus competencias y habilidades

laborales, así como la posible carencia de las mismas, además de expresar su deseo de participar en el programa con objeto de atender mejor a su situación personal y sus inquietudes laborales. En este sentido, el técnico competente deberá aportar empatía y escucha activa para empezar a construir un clima de confianza, así como sus conocimientos técnicos sobre el mercado de trabajo y los recursos sociales disponibles, para comprender mejor la situación concreta de la persona y para establecer las prioridades o necesidades de intervención.

2. El segundo paso consistirá en el análisis de la información que se ha obtenido en la entrevista estructurada. A partir de este análisis se podrá obtener un diagnóstico de la situación actual que deberá tener los siguientes requisitos: fiabilidad, objetividad, adecuación al entorno, integralidad, debe ser medible o actualizable en las distintas fases del itinerario y debe ofrecer como resultado una jerarquización de las necesidades que deberán ser atendidas. El diagnóstico obtenido deberá servir de base para elaborar una propuesta de plan de trabajo para mejorar la situación sociolaboral de los usuarios.
3. La información obtenida, tras el análisis de los datos, se devolverá a la persona usuaria, además de las necesidades o carencias detectadas y la posible propuesta de intervención mediante el itinerario de inserción. Además, esto servirá para conocer la percepción que tienen las y los usuarios de su situación y la necesidad de intervención.

Algunas consideraciones a tener en cuenta desde la perspectiva de género son las siguientes:

- Es necesario incorporar en los criterios de valoración de la empleabilidad, los factores de desigualdad que afectan a las mujeres y que condicionan su ocupabilidad.
- Se deberán tener en cuenta las consideradas como "mujeres inactivas" que van a constituir uno de los grupos principales de los itinerarios de inserción sociolaboral, ya que no se hayan dentro de los circuitos habituales de apoyo y promoción de empleo.

Asimismo, será importante destacar que los datos personales aportados por la persona beneficiaria del itinerario han de mantenerse en confidencialidad; la persona usuaria deberá estar informada de sus derechos en cuanto a la Ley

Orgánica 3/2018, de 5 de diciembre de Protección de Datos Personales y garantía de los derechos digitales, que tiene por objeto garantizar y proteger, en lo que concierne al tratamiento de los datos personales, las libertades públicas y los derechos fundamentales de las personas físicas y especialmente de su honor e intimidad personal y familiar.

Importante

La Ley Orgánica 3/2018 se complementa con el Reglamento Europeo de Protección de Datos, (Reglamento (UE) 2016/679 del Parlamento Europeo y del Consejo de 27 de abril de 2016 relativo a la protección de las personas físicas en lo que respecta al tratamiento de datos personales y a la libre circulación de estos datos, RGPD) en cuanto a los derechos de los/as ciudadanos/as en el tratamiento de sus datos.

En concordancia con dicha ley, las personas usuarias de los itinerarios deberán firmar un acuerdo de confidencialidad de sus datos con los técnicos responsables de la recogida y gestión de los mismos.

Solo se deberán solicitar a las personas usuarias aquellos datos relativos a sus capacidades, competencias y circunstancias personales que resulten pertinentes y no excesivos en relación con el ámbito sociolaboral al que van destinados. Dichos datos no podrán ser usados con finalidades diferentes a las que son recogidos, además deberán ser exactos o actualizarse durante el tiempo que dure el itinerario de inserción sociolaboral, una vez concluido dicho itinerario no podrán ser conservados. Los datos de carácter personal deberán ser almacenados además, mediante un sistema que permita el ejercicio del derecho de acceso, salvo que sean legalmente cancelados. En todo momento la persona usuaria deberá dar su consentimiento para facilitar sus datos a los técnicos del itinerario, ya que la LOPDGDD prohíbe la recogida de los datos por medios fraudulentos, ilegales o ilícitos.

Todas las personas usuarias de los itinerarios de inserción sociolaboral deberán ser informadas de forma expresa, inequívoca y precisa de los derechos en torno a la ley de protección de sus datos personales:

- De la existencia del tratamiento de datos de carácter personal, y de la finalidad de la recogida de los mismos y de quienes van a ser las y los destinatarios de la información, es decir, su finalidad deberá estar centrada en la realización del itinerario de inserción sociolaboral, y las personas que tendrán acceso en función de las y los profesionales que intervengan en el proceso.
- Del carácter obligatorio o facultativo de su respuesta a las preguntas que le sean planteadas; de la veracidad de los datos facilitados por la persona usuaria, dependerá en gran medida la elaboración de un plan de trabajo apropiado y la mejora en las perspectivas de inserción sociolaboral.
- De las consecuencias de la obtención de los datos o de la negativa a suministrarlos. En el caso del itinerario de inserción sociolaboral la negativa a suministrar los datos personales supondría el fin del itinerario personalizado, pues no se podría llevar a cabo sin conocer los datos de la persona usuaria.
- De la posibilidad de acceder, rectificar, suprimir, limitar y oponerse al tratamiento de sus datos personales; así como, a la portabilidad de los mismos.
- De la identidad de la persona responsable del tratamiento o, en su caso, de la persona representante.

Estas condiciones deberán recogerse con claridad cuando se rellenen cuestionarios o impresos donde deban aparecer los datos personales de las personas usuarias. Otro de los requisitos que se exponen en la LOPDGDD es la expresa aceptación que estas deben debe hacer de la recogida y tratamiento de sus datos y para ello deberán dejar constancia en el acuerdo de confidencialidad, así como en el acuerdo en virtud del cual se establece el compromiso de los itinerarios de inserción sociolaboral.

Especialmente relevante será la protección de la categoría de datos especiales, que se recogen en el artículo 9 del RGPD, estableciéndose lo siguiente:

- Con carácter general está prohibido el tratamiento de datos cuya finalidad sea identificar la ideología, afiliación sindical, religión, orientación sexual, creencias u origen racial o étnico del usuario y el tratamiento de datos genéticos, biométricos, relativos a la salud y a la vida sexual.
- La prohibición del tratamiento de dichos datos es aplicable incluso cuando exista el consentimiento explícito de la persona usuaria (Art. 9 LOPDGDD).
- El tratamiento de los datos mencionados en el primer apartado se puede realizar cuando:

  - Sea necesario para cumplir una obligación y el ejercicio de derechos del responsable del tratamiento o de la persona usuaria, o
  - Sea necesario para proteger intereses vitales de la persona usuaria, en el supuesto de que esté incapacitada física o jurídicamente para dar consentimiento, o
  - Sea realizado en las actividades legítimas de una fundación, asociación u otro organismo sin ánimo de lucro, o
  - Sea necesario para fines de medicina preventiva o laboral, evaluación de la capacidad laboral de la persona trabajadora, diagnóstico médico, prestación de asistencia o tratamiento de tipo sanitario o social, o gestión de los sistemas y servicios de asistencia sanitaria y social, o
  - Sea necesario por razones de interés público en el ámbito de la salud pública, o
  - Sea necesario con fines estadísticos.

Tras la recogida de información y el análisis de la misma se podrían establecer una serie de perfiles en relación al género, que pueden identificarse como los siguientes:

1. Mujeres que no saben si quieren emplearse: se encuentran en la situación más alejada del empleo, su principal objetivo va a ser clarificar si quieren o no tener un trabajo. Habrá que considerar los siguientes aspectos:

   a. El empleo como opción. Su interés no está explícitamente en el empleo, aún considerándolo, no tiene un lugar prioritario "central" en el proyecto vital derivado de su aprendizaje y asunción de las responsabilidades familiares y domésticas. Las mujeres que se encuentran enmarcadas en este perfil suelen llegar a los servicios sin un objetivo o meta profesional clara y acceden a un recurso que no es habitual para ellas.

b. Es posible que estas mujeres no sepan reconocer su valía profesional y no estén acostumbradas a identificar conocimientos, habilidades y destrezas desarrolladas en el ámbito reproductivo. La escasa valoración social otorgada a los aprendizajes realizados en este ámbito hace que no se reconozcan extrapolables o transferibles al mundo del trabajo.
c. Suelen desconocer el funcionamiento del mundo laboral y pueden tener una visión desvirtuada del empleo.

2. Mujeres que quieren emplearse pero no pueden. Las mujeres que se corresponden con este perfil suelen tener claro que quieren emplearse, pero no pueden porque tienen algún obstáculo en alguno de los factores de ocupabilidad y esto será lo que habrá que identificar. Los aspectos a tener en cuenta con mujeres que presentan este perfil son:

   a. El mapa de los factores que influyen en la empleabilidad y su efecto diferencial entre mujeres y hombres. Así como la carencia de un objetivo claro que guíe su itinerario.
   b. Su disponibilidad para el empleo va a estar condicionada por los conocimientos y experiencia laboral previa, que van a estar obsoletos, no van a ser suficientes o simplemente van a carecer de ellos.
   c. La brecha digital, ya que está probado que las mujeres suelen tener menor acceso a las TIC.

3. Mujeres que quieren y pueden emplearse, pero no saben cómo hacerlo. Este perfil de mujeres está constituido por personas que tienen un claro objetivo profesional y cumplen con los condicionantes básicos para acceder a un empleo, pero no saben cómo hacerlo. Los aspectos clave a tener en cuenta son:

   a. Pueden desconocer el funcionamiento del mundo laboral y las exigencias del mercado de trabajo. Es importante tener en cuenta que algunas mujeres pueden estar fuera de los círculos de participación pública ligados al empleo, lo que las aleja del conocimiento y el intercambio de información (formal y no formal), sobre el funcionamiento de las fórmulas de búsqueda, así como de los requerimientos del mercado de trabajo y las condiciones laborales.

b. La red de relaciones de las mujeres y sus espacios de participación social suelen estar desligados del empleo. No suelen contar con un círculo de relaciones para difundir su perfil profesional, o no saben cómo aprovecharlo.
c. No forman parte de los grupos de presión ni de las redes primarias de apoyo.
d. Las elecciones suelen estar condicionadas por la segregación profesional y las mujeres se sitúan en ámbitos y actividades saturadas.

4. Mujeres que quieren emplearse, pueden hacerlo, saben cómo, pero no consiguen hacerlo por algún motivo. La actividad orientadora va a consistir en este caso en identificar qué es lo que está causando el desajuste, que puede ser debido, entre otros, a los siguientes casos:

   a. Es importante ser conscientes de que muchas mujeres responden ante determinadas cuestiones desde lo que se considera socialmente deseable, por lo que en sus respuestas enmascaran aspectos deficitarios relacionados con los contenidos abordados en los anteriores perfiles, y que hay sacar a la luz dichos elementos para poder enfrentarlos.
   b. Puede darse el caso de que las usuarias posean pocas destrezas relacionadas con las habilidades sociales, o bien que desconozcan o no sepan cómo poner en práctica las técnicas de búsqueda de empleo.
   c. Las posibilidades de movilidad geográfica de las mujeres son limitadas, pues estas están ligadas a las cargas y responsabilidades familiares por un lado y, por otro, a un menor poder adquisitivo y menores posibilidades de traslado.

Actividades

20. Realice un esquema resumen sobre los diferentes perfiles de mujeres usuarias de los servicios de inserción sociolaboral propuestos.
21. Realice una comparación entre las características principales de dichos perfiles.

Aplicación práctica

Rosa se ha enterado de que en su localidad han abierto un servicio de inserción sociolaboral que está realizando itinerarios de inserción sociolaboral para mujeres y muchas de las usuarias han conseguido ya trabajo. Rosa está titulada en derecho, pero después de terminar la carrera se casó, tuvo a su hija y nunca ha ejercido. De eso hace ya algunos años y aunque le gustaría encontrar un trabajo no sabe cómo hacerlo. Siente que sus conocimientos se encuentran desactualizados, no tiene muchos conocimientos sobre TIC y se encuentra un poco perdida. ¿Crees que Rosa es uno de los perfiles de usuarias apropiados para el servicio de inserción sociolaboral? ¿Cuál de los perfiles que se han visto es?

SOLUCIÓN

Sí, Rosa es uno de los perfiles de usuarias de inserción sociolaboral.

Rosa se sitúa en el perfil 3, que se corresponde con mujeres que quieren emplearse y pueden emplearse. Como en el caso de Rosa poseen formación suficiente para acceder al mercado de trabajo, aunque se encuentre desactualizada, y deban realizar alguna formación específica dentro del itinerario, pero no saben cómo pueden acceder al mercado laboral.

5.3. Plan de trabajo

Una vez establecidas las necesidades que se han identificado en la fase de diagnóstico de la situación sociolaboral, se establecerán los objetivos a alcanzar, los resultados que se esperan lograr y las actividades destinadas a su consecución. Todo ello va a constituir el plan de trabajo del itinerario de inserción sociolaboral.

El plan de trabajo constará de las siguientes fases:

- En primer lugar, se deberá partir de las necesidades de la persona. Será necesario establecer qué es lo que se quiere, y cuáles son los resultados que espera obtener con la intervención.

- Una vez realizado el diagnóstico inicial, será el técnico el encargado de entregar a la persona beneficiaria una devolución precisa de los resultados obtenidos.
- A partir de esta devolución, se plantean los objetivos de intervención que se priorizarán dependiendo de las necesidades de los usuarios.
- Todo el proceso se plasmará en un acuerdo, entre el técnico y el usuario.

En todo caso, será necesario tener en consideración que la consecución de los objetivos establecidos en el plan de trabajo es responsabilidad de la persona beneficiaria; es el protagonista de la acción y, de este modo, deberá participar activamente en el diseño de su propio itinerario, no obstante el personal técnico realizará una labor de acompañamiento en el proceso, reorientando y adaptando el plan de trabajo. El personal técnico procurará, además, motivar a las personas beneficiarias, mediante lo siguiente:

- Prestando a la persona beneficiaria una atención personalizada e individualizada, fundamentada en una relación de confianza que trasmita seguridad y favorezca la seguridad y el compromiso.
- Valorar los puntos fuertes estableciendo objetivos de intervención a corto y medio plazo, devolviendo en positivo los logros alcanzados.
- Adecuar los horarios de reuniones y encuentros para fomentar la conciliación con la vida familiar y laboral de las personas usuarias.

Desde la perspectiva de género será conveniente incidir en una serie de aspectos en esta etapa del proceso de inserción. Algunos puntos clave a tener en cuenta serán:

- Revisión y análisis de la viabilidad del itinerario.
- Incidir en los siguientes aspectos: clarificación de los objetivos, el lugar del empleo en la trayectoria vital, la valía profesional, la relación y el uso de las TIC, la disponibilidad, corresponsabilidad, movilidad, redes sociales, buen conocimiento del entorno laboral, técnicas y herramientas de búsqueda de empleo, habilidades instrumentales para el proceso de inserción o creación de empleo como, por ejemplo, la comunicación, la asertividad, la iniciativa, el empoderamiento...

- Toma de decisiones y planificación del itinerario.
- Los servicios comunitarios que convergen con los objetivos del itinerario y que suponen elementos imprescindibles para su desarrollo.

En todo momento, se deberá tener en consideración que, aunque la responsabilidad frente a la realización de las acciones que integran el itinerario recaiga sobre las usuarias, el técnico/a competente deberá actuar como un apoyo por lo que se puede establecer un paralelismo con el concepto de *coaching*, que se puede definir del siguiente modo:

> *Apoyo individualizado, emocional y práctico que recibe un profesional, con su total implicación y corresponsabilidad, para mejorar su comportamiento –globalmente o en una competencia específica- identificar su potencial de crecimiento profesional, prepararse para asumir nuevas responsabilidades (tanto dentro como fuera de la organización) y enfrentarse a situaciones de distinta índole en su actividad diaria (habituales o sobrevenidas), de comunicación, relación interpersonal, trabajo en equipo, toma de decisiones, cambios estructurales, tratamiento de conflictos...*
>
> Jesús de la Corte, 2002

Convirtiéndose de este modo el técnico/a de inserción laboral en el *coacher* de la persona usuaria, identificando aquellas destrezas, habilidades o competencias a mejorar y favoreciendo su crecimiento laboral y personal.

De entre sus principales objetivos como *coacher* va a encontrarse el fomento del liderazgo femenino, fomentando la superación de aquellos obstáculos reales que se encuentran las mujeres en el acceso a puestos directivos y de responsabilidad en el ámbito laboral.

Tradicionalmente, las pocas mujeres que han ocupado puestos de responsabilidad han "asumido" roles y patrones de conducta eminentemente masculinizados; no obstante, en la sociedad cambiante actual, paradójicamente es importante para las empresas adaptarse a cambios y transformaciones continuas, hecho que provoca en las compañías un nuevo modelo de dirección de las mismas, basado en el modelo transformacional que se basa en cuatro componentes fundamentales, que son:

- Carisma
- Motivación
- Consideración individualizada
- Estimulación intelectual

Componentes que parecen adaptarse mejor al esquema de comportamientos de las mujeres, es decir, el modelo de comportamiento en el que tradicionalmente han sido socializadas las mujeres.

5.4. Derivación

Esta fase va a suponer el eje de coordinación y complementariedad de la diferente oferta de recursos que cubren las necesidades de inserción sociolaboral. Será importante tener en cuenta las necesidades concretas de las personas usuarias y realizar una atención especializada mediante la adecuada gestión de los recursos específicos existentes, dentro de la misma organización o entidad, en otros departamentos o incluso en otras organizaciones o entidades.

Es decir, la derivación consiste en la especialización de los recursos disponibles en un ámbito, por ejemplo, orientación y acompañamiento, formación, asesoramiento legal, asesoramiento para la creación de empresas..., así como la interacción entre todos los recursos o entidades.

El plan de trabajo puede prever las derivaciones a realizar dentro del itinerario, identificando cuáles son las necesidades y cuáles son las entidades que ofrecen dichos servicios. El momento en que se realice la derivación dependerá del cumplimiento de los objetivos por parte de la persona beneficiaria.

Se podrán diferenciar dos tipos de derivación, en función del punto de vista del servicio o recurso que recibe la persona beneficiaria:

1. **Temporal o de ida y vuelta:** la derivación temporal consistirá en aquellos casos en que la persona usuaria realiza una actividad de forma puntual

en otra entidad o usando otro recurso; un buen ejemplo sería el caso de una actividad formativa, aunque el acompañamiento y seguimiento del proceso de inserción seguirá estando en las manos de la misma entidad que le ha derivado.

2. **Definitiva o de ida:** en este caso se advierte que la problemática que presenta la persona no puede ser atendida por la entidad que le ha acogido, por lo que se deriva a otro recurso o servicio, que se encargará, a partir de ese momento, del acompañamiento y seguimiento del proceso de inserción.

Importante

La derivación constituirá el método mediante el cual se distribuye la atención de forma óptima y con un alto grado de especialización entre los recursos y servicios.

Actividades

22. Busque en Internet algún ejemplo de derivación definitiva en el servicio de inserción sociolaboral.
23. ¿Existe algún servicio de este tipo en su localidad? Explique en qué consiste.

5.5. Seguimiento y evaluación

El seguimiento del proceso se constituye como un método de examen de forma continua y periódica de la manera en que se ejecuta el plan de trabajo. Se persigue así que se cumpla el cronograma fijado y que los resultados obtenidos sean adecuados a los objetivos que se hayan establecido.

El seguimiento del itinerario de inserción sociolaboral se basará en el trabajo del día a día del personal técnico, que consistirá en la recogida de datos, la observación directa, contactos telefónicos o por correo electrónico y entrevistas más o menos estructuradas; esta actividad diaria centrará los procesos o actividades que se desarrollarán dentro del itinerario. Esta labor de seguimiento continuado permitirá la recogida de información cuantitativa sobre la adquisición de habilidades y competencias por parte de la persona usuaria y servirá como medida de control sobre el cumplimiento de los compromisos que ha adquirido la persona beneficiaria, así como la identificación de las dificultades que hayan podido surgir para reorientar y adaptar las actividades del proceso de inserción.

Será importante también destacar, en este sentido, la labor de liderazgo que ejerce el personal técnico en el proceso de inserción, ya que deberá ser capaz de tomar la iniciativa, gestionar, convocar, promover, incentivar, motivar y evaluar el proyecto de inserción sociolaboral de forma eficiente y eficaz.

La evaluación es una medida para comprobar o verificar que los objetivos y metas se han cumplido desde el inicio del itinerario; la evaluación debe estar presente a lo largo de todo el proceso de planificación de la intervención y deberá analizar los logros obtenidos y, en su caso, proponer ajustes o reorientaciones para la consecución de objetivos y metas.

Los aspectos clave que hay que tener en consideración desde la perspectiva de género son:

- El grado de compromiso.
- La motivación para la realización del itinerario y los anclajes que lo sostienen.
- La modificación y los reajustes del itinerario.
- Reforzar las estrategias instrumentales y los trabajos de grupo para facilitar la creación de redes de apoyo.
- El cumplimiento de los objetivos del itinerario.
- Los resultados y la mejora de la empleabilidad de las mujeres usuarias del servicio.
- Los resultados y mejora respecto a los factores de desigualdad.
- El impacto de género en la igualdad.

5.6. Intermediación

El objetivo de la intermediación laboral es ajustar la oferta y la demanda promoviendo el contacto entre empresas y usuarios/as, entendidos como oferta y demanda de empleo. En el proceso de intermediación intervienen tres partes, por un lado la empresa, por otro lado la persona que busca empleo y por último la persona técnica que se encargará de establecer una mediación o intermediación entre ambos. El proceso de intermediación va a suponer un acercamiento activo a la empresa que lanza la oferta de empleo, ya que será necesario conocer al detalle el perfil de la persona que buscan para dar cobertura a ese puesto, así como promover un marco de confianza para lograr la contratación de las candidaturas presentadas.

Se perfilará también como objetivo dentro de la intervención incidir en la incorporación de medidas de responsabilidad social de las empresas para lograr que las personas o grupos más desfavorecidos tengan igualdad de condiciones para encontrar un empleo de calidad.

Las fases a seguir en el proceso de intermediación son las siguientes:

1. En primer lugar, deberá existir una oferta de empleo. El personal técnico será el encargado de realizar una prospección de las necesidades de las empresas. Para ello, se podrán establecer reuniones con las asociaciones empresariales que sirvan para identificar compañías o sectores en los que se pueda producir la necesidad de mano de obra.
2. En segundo lugar, se realizará una selección de aquellos perfiles profesionales que sean adecuados para dar cobertura al puesto ofertado. Una vez reunidos dichos perfiles se hará entrega de los mismos al personal responsable de recursos humanos y se trasmitirán las habilidades que posean en relación al desempeño del puesto de trabajo.
3. El personal técnico encargado de la intermediación deberá contactar con la empresa para conocer el resultado de la selección y, en su caso, información sobre los motivos para la no contratación de las candidaturas presentadas.
4. Con la contratación de la persona beneficiaria no terminará el proceso de intermediación, ya que debería realizarse un seguimiento de la persona trabajadora, así como de la satisfacción de la empresa.

Aplicación práctica

Los técnicos del servicio de inserción laboral de una determinada localidad costera han mantenido recientemente una reunión con la asociación de empresarios de la zona. Ya mismo comenzará la temporada estival y es posible que se incremente la oferta de trabajo en determinados sectores. En concreto, las previsiones son que se necesitará mano de obra para diferentes puestos en hostelería, en el plazo de un mes. Por este motivo, los técnicos de inserción sociolaboral comienzan a realizar una selección de personal para, una vez se realicen las ofertas, proponer a la empresa los perfiles para las contrataciones. En total se cubren 10 puestos de trabajo con las candidaturas propuestas por el servicio de inserción y se rechazan 30 de las enviadas. El personal técnico se siente satisfecho con el resultado y se da por concluido el proceso de inserción, ¿es correcta su actitud? Justifique la respuesta.

SOLUCIÓN

No, el personal técnico deberá interesarse por los motivos para el rechazo de cada uno de los candidatos, para tratar de solventar las posibles deficiencias en sus perfiles profesionales. Además, se deberá realizar un seguimiento de cada una de las personas que se han empleado. Es bastante probable que, al terminar la temporada estival, las personas contratadas vuelvan a encontrarse en situación de desempleo y ser de nuevo usuarios/as de los servicios de inserción. Además habrá que realizar el seguimiento de la satisfacción de las empresas, para que vuelvan en el futuro a realizar contrataciones a través del servicio de inserción sociolaboral.

6. Resumen

En los procesos de inserción sociolaboral, en general, se deberán tener en consideración las características de la oferta de trabajo o el empleo que se desea obtener, por lo que se podrá diferenciar principalmente entre el trabajo por cuenta ajena y el trabajo por cuenta propia o autoempleo. En este sentido, existe una serie de normativas que originan recursos y herramientas para fomentar la empleabilidad de las mujeres, atendiendo principalmente a sus características propias y su situación de partida.

Así se han podido ver los diferentes planes de fomento de la igualdad en el empleo que se proponen desde la Unión Europea y desde España, como una batería de medidas específicas que van destinadas a fomentar la empleabilidad en caso de violencia de género.

También existe una serie de recursos propuestos desde las comunidades autónomas que tienen transferidas las competencias en materia de empleo para el apoyo al empleo, en particular el apoyo al empleo femenino en cualquiera de sus dos vertientes, ya sea trabajo por cuenta ajena o trabajo por cuenta propia.

Es importante también destacar que dentro del empleo por cuenta ajena se produce una diferenciación entre el trabajo del ámbito público y el privado, estando regulado el trabajo público por las ofertas de empleo público que se publican en el primer trimestre del año. Para acceder a dichas ofertas existe una serie de requisitos que se establecerán en el boletín de publicación de las mismas. Asimismo, en cuanto a las ofertas de empleo privadas se propone desde el Servicio Público de Empleo Estatal una serie de herramientas tanto públicas como privadas que constituyen los servicios de intermediación laboral, en las cuales destacan los servicios públicos de empleo autonómicos, los servicios de empleo de la red EURES y las diferentes empresas privadas que constituyen servicios de intermediación como, por ejemplo, las empresas de trabajo temporal o las empresas de selección de personal.

En definitiva, en relación al empleo femenino será importante tener un conocimiento profundo del mercado laboral, así como de los diferentes recursos y herramientas que pueden constituir una ayuda para lograr el acceso y permanencia en el mercado laboral en igualdad de condiciones.

Ejercicios de repaso y autoevaluación

1. **¿Cuál es el concepto de trabajador/a según el Estatuto de los Trabajadores?**

____

____

____

____

2. **Señale si las siguientes afirmaciones son verdaderas o falsas.**

   a. Los funcionarios públicos se consideran como trabajadores/as por cuenta ajena y se encuentran acogidos dentro del Régimen General.

      ☐ Verdadero
      ☐ Falso

   b. El trabajo a domicilio está recogido dentro del Estatuto del Trabajo Autónomo.

      ☐ Verdadero
      ☐ Falso

   c. El concepto de ajenidad es el que mayor significado otorga a la hora de determinar el concepto de trabajador/a por cuenta ajena.

      ☐ Verdadero
      ☐ Falso

3. **Complete el siguiente enunciado:**

Los itinerarios integrados de inserción laboral se podrían definir como "el __________ integral de actuaciones consensuadas entre el ____________________ y la persona demandante de empleo, que tiene como objetivo la mejora de la ____________________ de la persona que demanda empleo para conseguir la inserción ________________ y ____________________ de la misma".

4. Encuentre en la siguiente sopa de letras 5 palabras clave en la identificación de las ofertas de empleo.

E	S	O	F	E	R	T	A	O	A	C	Ñ	N
M	F	D	Y	U	E	X	D	N	O	V	T	M
P	R	I	W	Y	U	I	N	I	S	V	E	E
L	R	A	H	J	I	O	A	Z	A	R	C	R
E	V	G	C	X	E	A	M	T	A	E	S	C
O	A	N	X	V	G	N	E	V	D	A	X	A
C	H	O	R	E	T	U	D	S	A	U	W	D
I	N	T	E	R	M	E	D	I	A	R	I	O
O	J	G	L	F	E	D	S	S	L	P	B	R
N	E	P	D	E	S	A	J	U	S	T	E	E
S	R	C	B	T	U	I	O	P	M	I	Z	I
I	D	O	T	Y	E	C	W	M	E	R	Z	V

5. Relacione los siguientes elementos:

a. Medida de fomento de empleo que pretende facilitar la puesta en marcha de iniciativas de autoempleo que consistan en iniciar una actividad laboral como trabajador por cuenta propia o en incorporarse como socio trabajador o de trabajo en cooperativas o sociedades laborales o mercantiles en funcionamiento o de nueva creación.

b. Reducciones y bonificaciones a la Seguridad Social según lo establecido en el Real Decreto-ley 13/2022, de 26 de julio.

__ Fomento del trabajo autónomo

__ Capitalización o pago único

6. **¿Cuáles son los objetivos de la Estrategia para la igualdad de género 2020-2025?**

7. **Señale cuál de los siguientes enunciados no forma parte de los cuatro ejes básicos de actuación en el Plan estratégico de igualdad entre mujeres y hombres para 2022-2025.**

   a. Buen gobierno.
   b. Entorno libre de digitalización.
   c. Un país con derechos efectivos para todas las mujeres.
   d. Economía para la vida y reparto justo de la riqueza.

8. **Complete el siguiente texto:**

   El resultado de dicha entrevista de inserción sociolaboral puede originar dos situaciones diferenciadas:

   1. La ______________________, se realiza un diagnóstico de la situación y problemática que presenta la persona para definir los objetivos, contenidos y actividades de su plan de trabajo individual.
   2. ______________________

9. **¿Cuáles son las fases del plan de trabajo del itinerario de inserción sociolaboral?**

10. Ordene las fases del proceso de intermediación laboral.

___ El personal técnico encargado de la intermediación deberá contactar con la empresa para conocer el resultado de la selección y, en su caso, dará información sobre los motivos para la no contratación de las candidaturas presentadas.

___ El personal técnico será el encargado de realizar una prospección de las necesidades de las empresas, para ello se podrán establecer reuniones con las asociaciones empresariales que sirvan para identificar compañías o sectores en los que se pueda producir la necesidad de mano de obra.

___ Con la contratación de la persona beneficiaria no terminará el proceso de intermediación, ya que debería realizarse un seguimiento de la persona trabajadora así como de la satisfacción de la empresa.

___ Se realizará una selección de aquellos perfiles profesionales que sean adecuados para dar cobertura al puesto ofertado. Una vez reunidos dichos perfiles se hará entrega de los mismos al personal responsable de recursos humanos y se trasmitirán las habilidades que posean en relación al desempeño del puesto de trabajo.

Capítulo 3

Intervención y sensibilización en materia de conciliación y corresponsabilidad

Contenido

1. Introducción

Según un informe elaborado por Juan Antonio Fernández Cordón y Constanza Tobío Soler (2006), a mediados de los 90 llega a España el tema de la conciliación como tema relevante y objeto de políticas sociales; primero en el marco de los temas comunitarios de igualdad de oportunidades, después en el contexto de la preocupación por el envejecimiento de la población europea y la necesidad de incrementar la población activa femenina.

A pesar de que la tendencia actual es la desaparición de la maternidad como obstáculo al desarrollo profesional para la mujer, las limitaciones y las responsabilidades familiares siguen recayendo mayoritariamente en las mujeres. Este reparto desigual de las responsabilidades en el hogar, el cuidado de los/as hijos/as y personas dependientes, así como el mantenimiento de la unidad doméstica, hacen considerar todavía la conciliación como una potencial amenaza para el rendimiento laboral de la mujer, lo que suele situarla en una posición de desventaja frente a los hombres en el mundo laboral.

El conflicto entre vida familiar y laboral ha pasado de pertenecer en exclusiva al ámbito privado para convertirse en un problema social, afectando a la disminución en el número de hijos/as, el incremento de la edad de las mujeres para ser madres, incluso en las cuestiones laborales como, por ejemplo, la menor tasa de ocupación femenina o una mayor proporción de mujeres en trabajos a tiempo parcial. Será necesario plantear un enfoque multidisciplinar centrado en el *mainstreaming* de género para afrontar el problema de la conciliación y corresponsabilidad por parte de toda la sociedad.

2. Mecanismos de incorporación de la perspectiva de género en materia de conciliación de la vida personal, familiar y laboral y corresponsabilidad

De entre las principales causas que explican la menor participación laboral de las mujeres con respecto a los hombres, se encuentra el hecho de que presentan una mayor dificultad para conciliar la vida personal, familiar y laboral, dado que en ellas siguen recayendo la mayor parte de las responsabilidades domésticas y de cuidado. Este hecho se puede ver influenciado por unas mayores dificultades para acceder, en ocasiones, a servicios de atención de menores y otras personas dependientes, lo que va a influir en la elección de la trayectoria profesional en un mayor uso del trabajo a tiempo parcial y en interrupciones más frecuentes en la carrera profesional.

Los términos conciliación y corresponsabilidad se van a encontrar irremediablemente ligados, pues la falta de corresponsabilidad es uno de los factores más influyentes en el mantenimiento de importantes desigualdades en los ámbitos laborales, políticos y sociales. En este sentido, las encuestas del tiempo que se realizan desde el Instituto Nacional de Estadística, muestran las importantes diferencias en los usos del tiempo entre mujeres y hombres, destacando que las primeras invierten casi tres veces más tiempo diario a las tareas vinculadas con el hogar y la familia. Además, según las diversas fuentes oficiales, las mujeres solicitan mayoritariamente una excedencia para el cuidado de los/as hijos/as y las personas dependientes, siendo además las que presentan mayoritariamente un empleo a tiempo parcial.

La preocupación por la natalidad y la conciliación y corresponsabilidad está directamente relacionada con el crecimiento económico, el empleo y la sostenibilidad de los servicios y prestaciones fundamentales del estado del bienestar. En una sociedad crecientemente envejecida, la renovación demográfica requiere la adopción de medidas encaminadas a concienciar a la sociedad sobre las necesidades de las familias y crear las condiciones adecuadas para que se pueda desarrollar un mejor equilibrio entre la vida familiar y profesional.

Suele existir una correlación entre aquellos países en los que es difícil conciliar la vida laboral y la vida privada; las tasas de empleo de las mujeres suelen ser más bajas, ya que la maternidad las hace abandonar frecuentemente el mercado laboral. Asimismo, las tasas de natalidad son bajas también, pues muchas familias consideran que no pueden permitirse tener hijos/as. Por el contrario, aquellos países donde se han centrado en el establecimiento de políticas que den cobertura a las necesidades específicas de conciliación de la vida laboral y familiar creando un contexto social de igualdad favorable, reduciendo los costes de oportunidad para las mujeres e incrementando el valor de la maternidad, han conseguido aumentar las tasas de fecundidad.

Actividades

1. ¿Cuáles son los países de la Unión Europea en los que existe un mayor índice de natalidad?
2. ¿Existe en su opinión una correlación en estos países en torno a la natalidad y las normativas de conciliación laboral, personal y familiar? Justifique su respuesta.

La conciliación de la vida personal, laboral y familiar consiste en una estrategia que va a facilitar la igualdad efectiva entre mujeres y hombres. Está encaminada a conseguir una reorganización del sistema social y económico donde mujeres y hombres puedan hacer compatibles las diferentes etapas de su vida: empleo, familia, ocio y tiempo personal.

Ponce Núñez (2007) ha resumido recientemente las paradojas en las relaciones en las empresas, familia y sociedad (paradojas que se alzan como contradicciones entre los valores proclamados y la realidad de las prácticas sociales), de la siguiente forma:

- Trabajo y familia son dos valores universalmente reconocidos, pero no siempre se saben armonizar adecuadamente ni establecer las correctas prioridades.
- Hay aprecio por la familia y, a la vez, se apoya poco a la institución familiar.
- El éxito de la familia es entendido por muchos como un bien social, aunque la sociedad favorece poco el éxito familiar.
- La familia contribuye eficazmente al crecimiento de los niños/as, soporta el paro de las y los jóvenes y cuida a los ancianos/as. Sin embargo, la sociedad y el Estado proporcionan muy poco apoyo económico a esas tareas de las familias.
- Aunque se aplaude la presencia de la mujer en la empresa, en gran medida las organizaciones siguen estando diseñadas sin tener demasiado en cuenta a las mujeres.
- Se lamenta la baja natalidad y no se facilita la maternidad.

- Muchos trabajan por amor a su familia, aunque a menudo el trabajo les impide ejercitar ese amor familiar.
- La familia de las personas trabajadoras es un destacado grupo de influencia de la empresa, pero raramente se considera como tal.

Actividades

3. ¿Conoce algún ejemplo de alguna empresa donde se hayan implementado medidas de conciliación? Explíquelo.
4. ¿Conoce el ejemplo de alguna empresa donde se puedan apreciar algunas de las paradojas presentadas? Coméntelo.

La conciliación consistirá, por lo tanto, en la creación de una estructura y organización del entorno laboral que facilite a mujeres y hombres la combinación del trabajo, las responsabilidades familiares y la vida personal. A tal efecto, se establecerán determinadas acciones como la introducción de sistemas de permiso por razones familiares, de permiso parental, de atención a personas dependientes, etc.

Para el desarrollo de la conciliación de la vida familiar, laboral y personal se requiere una serie de cuestiones:

1. En primer lugar, el desarrollo o creación de recursos y estructuras sociales que den cobertura a las necesidades de las personas dependientes, como son menores, personas mayores, personas enfermas y personas con discapacidad.
2. En el ámbito del trabajo, una reorganización de tiempos y espacios que permitan una mayor flexibilidad.
3. Una mayor flexibilidad en las organizaciones laborales que permitan a las personas trabajadoras un mayor desarrollo personal.
4. El cambio en la asignación tradicional de los roles de mujeres y hombres, fomentando la mayor implicación de ambos en la familia, hogar y trabajo.

Los puntos clave para el desarrollo de la conciliación son los siguientes:

1. Conciliar consiste en compartir las responsabilidades en cuanto al trabajo doméstico, el cuidado de las personas dependientes y, en general, en los aspectos relacionados con el ámbito reproductivo, en igualdad entre mujeres y hombres.
2. Para lograr la conciliación será imprescindible reorganizar los tiempos destinados por ambos sexos a trabajos reproductivos, productivos y a la propia persona.
3. Para llegar a alcanzar la conciliación será necesario una reorganización de los espacios socialmente asignados para el ámbito público y privado.
4. Para conciliar será necesario promover un nuevo enfoque en las estructuras productivas, aportando a los trabajadores flexibilidad para atender a sus necesidades personales y a sus obligaciones familiares.

Jurídicamente el concepto de conciliación se ha identificado con el concepto de corresponsabilidad, en el sentido de equilibrar el esfuerzo que deben realizar tanto hombres como mujeres, mediante el establecimiento de políticas de conciliación orientadas a los hombres (pensando sobre todo en un mayor equilibrio de pareja), con múltiples fines, entre otros:

- Eliminar las discriminaciones respecto a las responsabilidades domésticas y familiares.
- Fomentar el permiso por nacimiento y cuidado de menor por parte del progenitor, con independencia de la situación de la mujer.
- Favorecer la jornada a tiempo parcial tanto para hombres como para mujeres con responsabilidades familiares.

Definición

Corresponsabilidad
Reparto equitativo de las responsabilidades domésticas y del cuidado de las personas entre mujeres y hombres.

En el ámbito laboral, los diferentes agentes sociales podrán desempeñar las siguientes funciones a favor de lograr la conciliación personal, familiar y laboral:

- Las **Administraciones Públicas.** Podrán tomar medidas como las siguientes:
  - Impulsar y desarrollar acciones de sensibilización e información dirigidas a la ciudadanía y a las organizaciones laborales.
  - Promover servicios de atención y cuidado de menores y de otras personas dependientes.
  - Desarrollar medidas de flexibilización de los horarios y los servicios públicos y privados.
  - Definir medidas de reorganización de los tiempos de trabajo para favorecer la conciliación de su personal.
- **Sindicatos y organizaciones laborales.** Podrán incentivar las siguientes medidas para el fomento de la conciliación:
  - Realizar acciones de información y sensibilización en materia de conciliación, tanto a las personas trabajadoras como a los empresarios y empresarias.
  - Fomentar una reorganización de los propios espacios y tiempos de trabajo dentro de la organización o entidad para promover una mayor participación de las mujeres en las propias organizaciones laborales.
  - Incorporar en la negociación colectiva estrategias que permitan conciliar la vida familiar, personal y laboral.
- **Iniciativa social.** Los agentes sociales podrán favorecer la conciliación con las siguientes medidas:
  - Conocer y visibilizar las necesidades de la población en cada uno de los territorios y promover la creación de servicios que den cobertura a dichas necesidades, como, por ejemplo, servicios de atención a personas dependientes.
  - Realizar estrategias de información y sensibilización a la ciudadanía.

- **Empresas.** El empresariado será fundamental en el fomento de la conciliación y podrá promoverla con las siguientes actuaciones:

  - Desarrollar medidas que amplíen y mejoren la normativa en materia de conciliación.
  - Promover medidas de flexibilidad (de horarios, turnos...).
  - Desarrollar medidas para aproximar servicios para el cuidado de personas dependientes.

Actividades

5. Realice un mapa conceptual donde se reflejen las medidas que se pueden tomar a favor de la conciliación por parte de los diferentes agentes sociales.
6. ¿Cuál de ellas considera más importante? Justifique la respuesta.

3. Identificación de las organizaciones y manejo de documentos base y normativa vigente para la promoción de la conciliación de la vida personal y laboral

La normativa europea que se materializa en las consecuentes directivas ha venido obligando a los Estados miembros a la incorporación de las medidas destinadas a mejorar la conciliación y corresponsabilidad en su propia legislación nacional. De esta manera, la legislación internacional, y los informes y estudios realizados sobre esta materia apremian al Estado Español a promover medidas a favor de la conciliación. Algunas de ellas son:

1. Normativa de la Organización Internacional del Trabajo significativa en materia de conciliación laboral y familiar:

   - **Convenio C156 sobre la igualdad de oportunidades y el trato entre trabajadores y trabajadoras con responsabilidades familiares (ratificado por España en 1985):** este convenio había sido firmado en 1981. Para las entidades locales tiene importancia porque en su artículo 5 se especifica que, además de las medidas oportunas desde el ámbito estatal, deberán adoptarse todas las medidas compatibles con las condiciones y posibilidades nacionales para:

- Tener en cuenta las necesidades de las personas trabajadoras con responsabilidades familiares en la planificación de las comunidades locales o regionales.
- Desarrollar o promover servicios comunitarios, públicos o privados, tales como los servicios y medios de asistencia a la infancia y de asistencia familiar.

- **Recomendación 165 sobre los trabajadores con responsabilidades familiares (ratificado por España en 1985):** en dicha recomendación se insta a los Estados miembros a "incluir entre los objetivos de su política nacional el permitir a las personas con responsabilidades familiares que desempeñen o deseen desempeñar un empleo, que ejerzan su derecho a hacerlo, sin ser objeto de discriminación y, en la medida de los posible, sin conflicto entre sus responsabilidades familiares y profesionales".
- **Estudio General, *Garantizar un tiempo de trabajo decente para el futuro* (2018):** este estudio analiza aspectos fundamentales de las relaciones de trabajo sobre la ordenación del tiempo de trabajo, es decir, el tiempo de trabajo, el descanso y la organización de las horas de trabajo y los periodos de descanso. La incidencia que estos aspectos tienen en la conciliación laboral y familiar se pone de manifiesto en este estudio.
- **Informe *Tiempo de trabajo y conciliación de la vida laboral y personal en el mundo* (2023):** las conclusiones finales de este informe manifiestan que "los dos componentes principales del tiempo de trabajo —las horas y la ordenación del tiempo de trabajo (horario laboral)— son factores clave para determinar en qué medida los trabajadores pueden conciliar el trabajo remunerado con la vida privada a fin de satisfacer, en particular, las responsabilidades familiares y otras necesidades personales".

2. Normativa de la Unión Europea más significativa sobre la conciliación de la vida laboral y familiar:

- Directiva (UE) 2019/1158 del Parlamento Europeo y del Consejo, de 20 de junio de 2019, relativa a la conciliación de la vida familiar y la vida profesional de los progenitores y los cuidadores, y por la que se deroga la Directiva 2010/18/UE del Consejo. Los objetivos específicos de la presente Directiva son los siguientes: mejorar el acceso a medidas para conciliar la vida familiar y la vida profesional, como los permisos o las fórmulas de trabajo flexible, y aumentar la frecuencia con la que los hombres se acogen a permisos relacionados con la familia y a fórmulas de trabajo flexible.
- Directiva 2010/41/UE del Parlamento Europeo y del Consejo, de 7 de julio de 2010, sobre la aplicación del principio de igualdad de trato entre hombres y mujeres que ejercen una actividad autónoma, y por la que se deroga la Directiva 86/613/CEE del Consejo. En esta Directiva se establece un marco para hacer efectivo en los Estados miembros el principio de igualdad de trato entre los hombres y las mujeres que ejercen una actividad autónoma o contribuyen al ejercicio de una actividad de ese tipo. En particular, garantiza que se conceda a las trabajadoras autónomas, las cónyuges y las parejas de hecho un subsidio por maternidad de cuantía suficiente que permita interrupciones en su actividad profesional por causa de embarazo o maternidad durante por lo menos catorce semanas.
- Directiva 2006/54/CE del Parlamento Europeo y del Consejo, de 5 de julio de 2006, relativa a la aplicación del principio de igualdad de oportunidades e igualdad de trato entre hombres y mujeres en asuntos de empleo y ocupación (refundición). Esta Directiva tiene por objeto garantizar la aplicación del principio de igualdad de oportunidades e igualdad de trato entre hombres y mujeres en el empleo y la ocupación, y contiene disposiciones sobre igualdad de retribución, igualdad de trato en los regímenes profesionales de Seguridad Social, e igualdad de trato en lo que se refiere al acceso al empleo, a la formación profesional, a la promoción y a las condiciones de trabajo, que van acompañadas de normas sobre recursos y cumplimiento y sobre la promoción de la igualdad a través del diálogo.

- Directiva 92/85/CEE del Consejo, de 19 de octubre de 1992, relativa a la aplicación de medidas para promover la mejora de la seguridad y de la salud en el trabajo de la trabajadora embarazada, que haya dado a luz o en período de lactancia (décima Directiva específica con arreglo al apartado 1 del artículo 16 de la Directiva 89/391/CEE). Establece los derechos básicos de las mujeres durante el embarazo y después del parto, incluido el derecho a disfrutar de un permiso de maternidad remunerado de catorce semanas. Contiene, asimismo, medidas para garantizar la salud y la seguridad en el trabajo de las mujeres embarazadas e incluye una protección especial contra el despido desde el comienzo del embarazo hasta el final del permiso de maternidad.
- Directiva 97/81/CE del Consejo, de 15 de diciembre de 1997, relativa al Acuerdo marco sobre el trabajo a tiempo parcial concluido por la UNICE, el CEEP y la CES. Prohíbe la discriminación contra las personas trabajadoras a tiempo parcial y establece que las empresas deben tomar en consideración las peticiones de trabajo a tiempo parcial de estas. Sin embargo, esta Directiva no contempla el derecho a solicitar otro tipo de fórmulas de trabajo flexible que son importantes para la conciliación de la vida familiar y la vida profesional.
- Recomendación 92/241/CEE del Consejo, de 31 de marzo de 1992, sobre el cuidado de los niños y de las niñas. Recomienda a los Estados miembros que adopten iniciativas para conceder permisos especiales a los progenitores que trabajan, promover una mayor participación de los hombres en las responsabilidades derivadas del cuidado de los hijos y de las hijas, crear un entorno de trabajo propicio para los progenitores que trabajan y proporcionar unos servicios para el cuidado que sean asequibles y de calidad.
- Recomendación 2013/112/UE de la Comisión, de 20 de febrero de 2013, Invertir en la infancia: romper el ciclo de las desventajas. Recomienda a los Estados miembros que apoyen el acceso de los progenitores al mercado laboral y garanticen que para ellos trabajar «merezca la pena». Asimismo, la Recomendación hace hincapié en la necesidad de mejorar el acceso a una educación y unos cuidados de la primera infancia accesibles y de buena calidad y de proporcionar un apoyo adecuado a los ingresos; por ejemplo, mediante prestaciones familiares y por hijo/a.

Actividades

7. ¿Qué es la OIT?
8. El órgano de gobierno de la OIT es un gobierno tripartito, ¿qué significa esto?

En este sentido la legislación española aprobó diversas leyes que son las que configuran el sistema normativo en base al que se regula la conciliación en España:

- Ley Orgánica 3/2007, de 22 de marzo, para la igualdad efectiva de mujeres y hombres.
- Real Decreto Legislativo 2/2015, de 23 de octubre, por el que se aprueba el texto refundido de la Ley del Estatuto de los Trabajadores.
- Real Decreto Legislativo 8/2015, de 30 de octubre, por el que se aprueba el texto refundido de la Ley General de la Seguridad Social.
- Real Decreto-ley 6/2019, de 1 de marzo, de medidas urgentes para garantía de la igualdad de trato y de oportunidades entre mujeres y hombres en el empleo y la ocupación.
- Real Decreto-ley 5/2023, de 28 de junio, por el que se adoptan y prorrogan determinadas medidas de respuesta a las consecuencias económicas y sociales de la Guerra de Ucrania, de apoyo a la reconstrucción de la isla de La Palma y a otras situaciones de vulnerabilidad; de transposición de Directivas de la Unión Europea en materia de modificaciones estructurales de sociedades mercantiles y conciliación de la vida familiar y la vida profesional de los progenitores y los cuidadores; y de ejecución y cumplimiento del Derecho de la Unión Europea.

Actividades

9. Busque información relativa al Real Decreto Legislativo 2/2015, de 23 de octubre, por el que se aprueba el texto refundido de la Ley del Estatuto de los Trabajadores. ¿Cuáles son las medidas más importantes que se proponen en esta ley con respecto a la conciliación?
10. ¿Considera suficientes las medidas que se proponen en esta ley para implementar la conciliación y corresponsabilidad en las empresas? Justifique su respuesta.

La Ley Orgánica 3/2007 es la que sustenta, fundamentalmente y desde un enfoque transversal, los aspectos relativos a la conciliación. En el título IV, Capítulo II, artículo 44.1 de la citada ley se expone lo siguiente:

Los derechos de conciliación de la vida personal, familiar y laboral, se reconocerán a los trabajadores y a las trabajadoras en la forma en que fomenten la asunción equilibrada de las responsabilidades familiares, evitando toda discriminación basada en su ejercicio.

Los objetivos fundamentales de la ley en materia de conciliación de la vida laboral, familiar y personal son:

- Adoptar medidas que garanticen la conciliación de la vida laboral con la vida familiar y también la personal.
- Fomentar la corresponsabilidad en asunción de responsabilidades familiares y domésticas entre mujeres y hombres.

Los derechos de conciliación de la vida laboral y familiar vigentes en España se pueden resumir en los siguientes:

- Prestación por nacimiento y cuidado de menor: esta prestación cubre las situaciones de nacimiento, adopción, guarda con fines de adopción y acogimiento familiar. Tiene una duración de 16 semanas (en parto múltiple, dos semanas más a partir del segundo hijo/a) y consiste en un subsidio equivalente al 100 % de la base reguladora. Los requisitos para solicitarla son los siguientes:

- La persona trabajadora debe estar afiliada a la Seguridad Social y en alta o en situación de alta asimilada.
- Tener cotizado el período mínimo exigible, que varía según la edad. Si la persona trabajadora tiene menos de 21 años de edad en la fecha de la situación que da derecho a la prestación, no se exige período mínimo de cotización; si es mayor o igual de 21 años y menor de 26, los períodos son de 90 días dentro de los 7 años anteriores al inicio del descanso o 180 días cotizados en su vida laboral con anterioridad a dicha fecha; si tiene cumplidos 26 años o más, los períodos son de 180 días dentro de los 7 años anteriores al inicio del descanso o 360 días cotizados en su vida laboral con anterioridad a dicha fecha.
- Estar al corriente en el pago de las cuotas que le correspondan directamente a las personas trabajadoras.

- Reducción de jornada. Se trata del derecho a reducir la jornada por el cuidado de menores de 12 años. En este caso es un derecho no retribuido, ya que conlleva una reducción del salario proporcional a las horas que no se trabajen. Esta disminución puede ser de entre un octavo y la mitad de la jornada. Esta reducción puede ampliarse al cónyuge o pareja de hecho y a familiares hasta el segundo grado de consanguinidad o afinidad (incluido el de la pareja de hecho) que no puedan valerse por sí, y para el cuidado de menores afectados por cáncer o enfermedad grave. La duración de la reducción es hasta que el menor cumpla 12 años, en el supuesto de cuidado de menor; de 23 años, para el supuesto de cuidado de menor con cáncer o enfermedad grave; y sin límites para el resto de casos.
- Modificación de jornada. Además de reducir la jornada, es posible también solicitar tan solo una modificación de la misma. Se trata de una medida que la empresa puede conceder o no, y que a diferencia del caso anterior, no afecta al salario. Para consultar en cada caso habrá que recurrir al Convenio Colectivo aplicable; en caso de no establecerse nada en el convenio, habría que recurrir al propio contrato.
- Permiso por cuidado del lactante. Este permiso es un derecho que puede solicitarlo el padre, la madre o ambos, con independencia de que estén considerados así por nacimiento, adopción, guarda o acogimiento. Consiste en la ausencia en su puesto de trabajo de la persona trabajadora beneficiaria, para cuidar al lactante, durante un período de tiempo. La

duración de este permiso es hasta que el lactante tenga 9 meses y se puede disfrutar durante una hora o dos fracciones de media hora, o reduciendo la jornada media hora al principio o al final de la misma, o acumulando las horas para disfrutarlas de forma conjunta. Es un permiso retribuido.

- Excedencia. Es requisito indispensable para ejercer este derecho, que las personas trabajadoras tenga, como mínimo, un año de antigüedad en la empresa. Lo pueden ejercer las personas trabajadoras para el cuidado de los hijos e hijas, del cónyuge o pareja de hecho, o de familiares hasta el segundo grado de consanguinidad o afinidad (incluido el de la pareja de hecho) que no puedan valerse por sí mismos y no ejerzan actividad retribuida. En el primer caso la duración de la excedencia es por un período no superior a tres años y en el segundo y tercero, por un período no superior a dos años. El disfrute de este derecho debe ser por un plazo no menor a cuatro meses y no mayor a cinco años. Los períodos de excedencia son computables a efectos de antigüedad. Durante el primer año la persona trabajadora tiene derecho a la reserva de su puesto de trabajo, pasado este tiempo, la reserva solo será por una categoría equivalente.
- Ayudas para personas trabajadoras por cuenta propia. Además de las medidas que contempla la Ley de conciliación familiar, la ley del Estatuto del trabajo autónomo (Ley 20/2007, de 11 de julio), también recoge una serie de ayudas para este colectivo. Estas consisten fundamentalmente en:

  - Una bonificación del 100 % en la cuota de autónomos durante los períodos de descanso por nacimiento, adopción, guarda con fines de adopción, acogimiento, riesgo durante el embarazo o riesgo durante la lactancia natural.
  - Una bonificación del 100 % sobre la cuota, durante un año como máximo, por cuidado de menores de 12 años a cargo, por familiar dependiente a cargo o por familiar con parálisis cerebral, enfermedad mental o discapacidad intelectual.
  - Una bonificación del 80 % de la cuota para las trabajadoras que hayan cesado en su actividad por nacimiento de hijo/a, adopción, guarda con fines de adopción, acogimiento y tutela, que hayan reiniciado su actividad pro cuenta propia en los dos años siguientes a la fecha de cese. Esta bonificación se aplica durante los dos años siguientes a la reincorporación.

- Permiso parental. Lo pueden solicitar las personas trabajadoras que tengan hijo/a a cargo o menor acogido por más de un año, de hasta 8 años de edad. Consiste en un permiso de 8 semanas (continuas o discontinuas) de duración y cuyo disfrute puede ser por tiempo completo o parcial. Solo se retribuyen 4 de las 8 semanas permitidas.
- Medidas de seguridad de la Ley de prevención de riesgos laborales. Conviene tener en cuenta también las medidas de seguridad para embarazadas y lactantes que reconoce la Ley de prevención de riesgos laborales. Entre otras, esta Ley reconoce:
  - La prohibición de que las mujeres embarazadas o lactantes hagan trabajo nocturno y horas extraordinarias. También se prohíben los trabajos que conlleven levantar o empujar pesos grandes, esfuerzos físicos excesivos, etc.
  - Si la trabajadora embarazada o lactante presta sus servicios en un trabajo certificado como peligroso por un médico, debe ser transferida a un puesto que no sea perjudicial para su estado y sin reducción de salario.

Actividades

11. ¿Cuáles son los parientes hasta segundo grado de consanguinidad o afinidad?

Aplicación práctica

Paco trabaja para unos grandes almacenes y acaba de recibir la feliz noticia de que próximamente será padre. Para poder disfrutar de su paternidad está pensando en solicitar la baja por nacimiento y cuidado de menor y seguidamente disfrutar de su mes de vacaciones. ¿Podría Paco unir la baja con las vacaciones? ¿Cuántos días le corresponderían por la baja por nacimiento y cuidado de menor?

Continúa en página siguiente >>

<< Viene de página anterior

SOLUCIÓN

Sí, Paco podría disfrutar de su baja por nacimiento y cuidado de menor y después disfrutar de sus vacaciones. Es un derecho que se recoge en la Ley Orgánica para la Igualdad Efectiva de Mujeres y Hombres LOIEMH.

A Paco le corresponderían 16 semanas de baja por nacimiento y cuidado de menor, además de su correspondiente mes de vacaciones.

Importante

Las medidas y estrategias de conciliación de la vida laboral, familiar y personal han de adaptarse a las necesidades de conciliación de los trabajadores y trabajadoras en su propia empresa.

Aplicación práctica

Laura lleva 9 meses trabajando en la recepción de un hotel y tiene contrato indefinido. Recientemente han diagnosticado una grave enfermedad a su madre y Laura está pensando en coger una excedencia voluntaria de 1 año para ayudarla. ¿Tiene derecho Laura a disfrutar de esa excedencia? Justifique su respuesta.

SOLUCIÓN

En estos momentos no, ya que para poder disfrutar de una excedencia voluntaria Laura deberá tener una antigüedad de al menos 1 año en la empresa. No obstante, cuando cumpla ese año de antigüedad sí podrá disfrutar de esa excedencia.

4. Uso de guías y manuales de referencia en materia de conciliación de la vida personal, laboral y familiar y corresponsabilidad. Buenas Prácticas

En primer lugar, se deberá destacar el eje perteneciente al III Plan Estratégico para la Igualdad Efectiva de Mujeres y Hombres 2022-2025, establecido como eje número dos de dicho plan que lleva por título "Economía para la vida y reparto justo de la riqueza". Una de sus líneas de trabajo está orientada a los cuidados y tiempos incluyendo entre sus objetivos específicos el desarrollo de los derechos de conciliación y corresponsabilidad en el trabajo. Para alcanzarlo, el plan cuenta con cuatro objetivos operativos compuestos cada uno de ellos por un conjunto de medidas que aplicar. Los objetivos y sus medidas correspondientes son:

EV.2.4.1. Impulsar la conciliación corresponsable en el sector privado, adaptando el marco normativo a la Directiva europea 2019/1158 relativa a la conciliación de la vida familiar y la vida profesional de los progenitores y los cuidadores, con especial atención al teletrabajo y la flexibilidad del tiempo.

- *276. Desarrollo de una política de conciliación, corresponsabilidad y previsibilidad de condiciones de trabajo, a través de la transposición de las Directivas 2019/1158 y 2019/1152 y del análisis del marco jurídico vigente para valorar la posibilidad de reformas adicionales.*
- *277. Adopción de medidas incluyendo modificaciones normativas que promuevan la adaptación del trabajo a las personas con responsabilidades de cuidado.*
- *278. Establecimiento de fórmulas de trabajo flexible para ocuparse de sus obligaciones de cuidado y medidas para atender las ausencias del trabajo por causa de fuerza mayor, fomentando el uso por parte de los hombres de las mismas, para evitar que sean las mujeres quienes usen dichas medidas mayoritariamente.*
- *279. Configuración de un permiso parental retribuido en los términos establecidos en la Directiva 2019/1158.*

EV.2.4.2. Impulsar el aumento de las medidas de conciliación corresponsables adoptadas por las administraciones y organismos públicos adscritos a las mismas, favoreciendo el acuerdo con la representación sindical correspondiente.

- *280. Seguimiento de la aplicación del III Plan para la igualdad de género en la Administración General del Estado y en los Organismos Públicos vinculados o dependientes de ella, aprobado el 29 de diciembre de 2020.*
- *281. Actualización y difusión de la guía de conciliación de la vida personal, familiar y laboral en la AGE.*

- *282. Regulación de un permiso para el personal público que tenga familiares dependientes con enfermedad grave, similar al permiso existente para cuidado de menor con enfermedad grave en el artículo 49 e) del Texto Refundido del Estatuto Básico del Empleado Público.*
- *283. Subsidio de cuidado de menores afectados por cáncer u otra enfermedad grave, destinada a los progenitores, adoptantes o acogedores que reducen su jornada de trabajo para el cuidado de menores afectados por cáncer u otra enfermedad grave: ya ampliado por la Ley 22/2021, de 28 de diciembre, de Presupuestos Generales del Estado para el año 2022, hasta que cese la necesidad del cuidado o cumpla 23 años de edad.*
- *284. Organización de actividades para hijas e hijos del personal para promover y facilitar la conciliación.*
- *285. Creación de un nuevo indicador que permita medir en términos de igualdad la solicitud de autorizaciones de trabajo no presencial de acuerdo con la Resolución de la Secretaría de Estado de Función Pública sobre revisión de las medidas frente a la COVID-19 a adoptar en la AGE ante la evolución de la situación sanitaria y avance de la vacunación.*
- *286. Realización de un estudio sobre la doble presencia (vida familiar y laboral), con especial incidencia en igualdad de género para personas trabajadoras del CEM.*
- *287. Conversión de los puestos de trabajo en puestos digitales y basados en la movilidad, acompañado por medidas de fomento de la corresponsabilidad entre mujeres y hombres y que contrarresten la invisibilidad y aislamiento que puede conllevar, así como de un adecuado seguimiento y evaluación de su ejecución.*
- *288. Inclusión en el desarrollo normativo del teletrabajo al personal directivo de las organizaciones.*

EV.2.4.3. Seguir impulsando los permisos de paternidad y maternidad iguales e intransferibles, y trabajando por su ampliación.

- *289. Realización de un estudio desde la perspectiva de género de los efectos de la entrada en vigor del Real Decreto-Ley 6/2019, de 1 de marzo, en términos de corresponsabilidad con objeto de conocer las evaluaciones de impacto e impulsar su eficacia, y poniendo especialmente el foco en el estudio de los efectos de la simultaneidad de las seis primeras semanas en los permisos por nacimiento, adopción, guarda con fines de adopción o acogimiento.*
- *290. Ampliación de los permisos por nacimiento, adopción, guarda con fines de adopción o acogimiento a las familias monomarentales.*

EV.2.4.4. Promover un pacto social para la racionalización de los horarios que incluya una Ley de usos del tiempo.

- *291. Elaboración y aprobación de una Ley de usos del tiempo.*

Actividades

12. Realice un mapa conceptual con las medidas propuestas en el III Plan Estratégico para la Igualdad Efectiva de Mujeres y Hombres 2022-2025.

Una de las medidas y líneas de trabajo la conforma el establecimiento de una Red de Empresas que lleve el distintivo de "Igualdad en la empresa", así como el fomento y difusión de sus acciones y buenas prácticas. En este sentido se establece una serie de características que supondrán las buenas prácticas y que deberán cumplir las empresas que quieran obtener dicho distintivo.

Las medidas en materia de conciliación y corresponsabilidad que se implementan y se trabajan desde las empresas que quieran pertenecer a dicha red son:

1. Flexibilidad, tanto temporal como espacial. Las medidas de flexibilidad temporal pueden girar en torno a la flexibilidad en la distribución de las horas de trabajo, tomando medidas como, por ejemplo, la creación de una bolsa de horas de trabajo trimestrales flexibles para distribuirlas dentro de la jornada laboral estándar, la creación de turnos fijos de trabajo para las personas trabajadoras que lo soliciten, distribuciones irregulares de la jornada, etc. Así como también medidas de flexibilidad en el número de horas de trabajo, incluyendo posibilidades como vacaciones por horas, reducción de la jornada por motivos de guarda legal, ampliar vacaciones con una remuneración del 25 %... En cuanto a la flexibilidad espacial es aquella en la que las empresas adaptan su organización interna a las necesidades de los/as trabajadores/as, a través de medidas como el teletrabajo, las videoconferencias o reuniones a distancia y la formación online.
2. Beneficios sociales que favorecen la conciliación. Se tratará de aquellas medidas en las que las empresas ofrecen complementos "en especie" extrasalariales, como pueden ser las ayudas económicas por nacimiento de hijos/as y escolaridad, seguros de vida o accidente, economato de

productos de empresa, tiques de restaurantes, de guardería o transporte, servicio de autocar para el personal, etc.

3. Ampliación y mejora de los servicios establecidos en la normativa. Un ejemplo de ello puede ser la ampliación del permiso en caso de guarda legal, ampliación del permiso de lactancia, etc.
4. Formación, sensibilización y comunicación en materia de igualdad y conciliación y comunicación interna y externa de las medidas o buenas prácticas que esta realiza.

La divulgación de las buenas prácticas en materia de conciliación laboral, personal y familiar se realizará tanto por parte del Gobierno como por parte de las empresas, que también serán premiadas por dicha divulgación de las buenas prácticas.

Actividades

13. Realice una búsqueda en Internet sobre cinco buenas prácticas implementadas en las empresas en España.
14. ¿A su juicio cuál es la empresa que mejor valoración tiene en cuanto a las buenas prácticas en conciliación? Justifique su respuesta.

Aplicación práctica

La empresa XX es una empresa de comercialización agroalimentaria. En concreto se dedica a la recogida y envasado de patatas. Durante el año tiene una plantilla fija de 10 personas, no obstante en el tiempo de recogida multiplica su plantilla por 10, personas que trabajan a turnos durante el día y la noche. Con objeto de facilitar la conciliación de la vida laboral y familiar durante el tiempo de la campaña ha establecido un convenio con un centro de juegos infantil cercano en el que los trabajadores y las trabajadoras

Continúa en página siguiente >>

<< Viene de página anterior

que lo deseen podrán dejar a sus hijos/as hasta los 12 años en esta guardería de forma gratuita, tanto en horario de mañana como de tarde. ¿Constituye esta iniciativa una buena práctica? Justifica su respuesta.

SOLUCIÓN

Sí, esta medida constituye una buena práctica por parte de la empresa, ya que está ayudando a la conciliación laboral y familiar del personal con hijos a cargo. En concreto, se trata de un beneficio social, por el que se ofrece un servicio que se podrá disfrutar de forma gratuita.

---

5. Elaboración de acciones de difusión y sensibilización para la ciudadanía, las instituciones, las organizaciones y entidades del entorno de intervención en materia de participación económica y en el empleo de las mujeres y para el cambio en materia de conciliación de la vida personal, laboral y familiar

Las acciones de difusión y sensibilización de los beneficios de la conciliación y corresponsabilidad pasarán por hacer visibles a todos los ámbitos relacionados con el mundo laboral, tanto a las personas trabajadoras como, en general, a la sociedad.

5.1. Beneficios sociales de la conciliación

Los beneficios que ofrece la conciliación en el ámbito laboral se pueden resumir como los siguientes:

1. Beneficios de la corresponsabilidad en la empresa:

   - Aumento de la productividad. La introducción de la conciliación en la empresa va a implicar un nuevo modelo en la gestión de los tiempos de trabajo. Al ser estos tiempos más flexibles se reducirán los tiempos muertos o poco productivos y se planificarán las tareas en base a la consecución de objetivos, de manera que la flexibilidad en la gestión repercuta en una optimización de los recursos y una mejora en los resultados empresariales.

- Reducción del absentismo. El absentismo laboral supone uno de los mayores obstáculos en las empresas a la hora de mejorar su productividad. Un elevado porcentaje de dicho absentismo laboral es debido a la inflexibilidad en los horarios laborales. La mejora de la flexibilidad en torno a los horarios laborales permitirá a las personas trabajadoras mejorar la compatibilización de sus horarios laborales con las responsabilidades familiares y personales.
- Mejorarán las relaciones y el clima laboral. La plantilla de la empresa se encontrará en situaciones de menos estrés, contribuyendo a conseguir un mayor equilibrio entre lo laboral y lo familiar.
- Son una inversión para la empresa que lo recupera con mayores beneficios. En la mayoría de ocasiones la puesta en marcha de las medidas de conciliación y corresponsabilidad tienen un coste cero o mínimo, no obstante si se genera algún gasto este debe ser considerado como inversión, ya que a cambio las empresas aumentan su productividad y competitividad.
- Crecimiento de la implicación y compromiso de la plantilla con la empresa, ya que la imagen que la empresa va a transmitir a sus empleados/as es de una organización comprometida.
- Reducción del grado de rotación en la plantilla de la empresa. En buena medida este grado de rotación del personal se puede considerar como un dato fiable en cuanto a la satisfacción del personal con la empresa. La rotación de personal conlleva una serie de costes, ya sea por pérdida de talento, como por búsqueda y formación del nuevo personal que sustituya al que abandona la empresa. El establecimiento de medidas de conciliación en las empresas mejora, públicamente y para con sus empleados/as, la imagen de la misma; lo que les aporta un beneficio diferenciador con respecto a la posible competencia.
- Favorecen la igualdad entre mujeres y hombres. Las medidas de conciliación rompen con la idea de que la conciliación es solo un problema de las mujeres; adoptando medidas de conciliación, las empresas realizan importantes logros en materia de igualdad.

2. Beneficios de la corresponsabilidad para las personas trabajadoras:

- Las medidas de conciliación dentro de las empresas producen beneficios en cuanto al aumento de la calidad de vida de su plantilla, ya que ayudan a la creación de un equilibrio entre su vida profesional, personal y familiar.
- Disminuye el estrés personal. La falta de tiempo se concreta en un aumento del estrés que perjudica a la persona en todos los ámbitos de su vida (familiar, personal y laboral). La situación laboral de estrés va a disminuir las capacidades de las personas para la resolución autónoma de problemas cotidianos, por lo que esta situación resultará perjudicial a nivel de rendimiento laboral.
- Las medidas de conciliación aumentan la estabilidad laboral y permiten el desarrollo profesional de las personas, garantizando el cumplimiento de la igualdad a la hora de atender a la promoción y desarrollo profesional.
- Las medidas de conciliación laboral y familiar ayudan a la disminución de la exclusión social que se puede producir como una consecuencia del abandono de la vida laboral por incompatibilidades con la vida familiar y, posteriormente, las dificultades para la reincorporación al mercado laboral.
- Las medidas de conciliación conllevan unos nuevos modelos de reparto del tiempo, también en el ámbito privado, lo que conlleva una nueva distribución de las tareas domésticas y de cuidado, en las que los hombres deberán ocupar sus responsabilidades.
- Mejora la autoconfianza, autoestima y equilibrio emocional. La falta de tiempo y la incompatibilidad del tiempo laboral, con el personal y familiar ocasiona problemas a los/as trabajadores/as y las medidas de conciliación son la herramienta para resolver estos problemas que afectan a su rendimiento y satisfacción, ayudándoles a adoptar una actitud constructiva en situaciones conflictivas, aumentando la autoconfianza, la autoestima y el equilibrio emocional.

3. Beneficios para la sociedad:

- Favorece la igualdad de oportunidades entre mujeres y hombres.
- Favorece el aumento demográfico y la calidad de vida.

- Favorece el reparto equitativo de las tareas domésticas y de cuidado entre los hombres y las mujeres.
- Incrementa la tasa de actividad, aumenta la productividad y produce beneficios económicos.
- Reduce el fracaso escolar.
- Permite el crecimiento de nuevos sectores económicos.
- Favorece un nuevo modelo de organización familiar y social que permite mayor sostenibilidad.

Actividades

15. Elabore un esquema con los beneficios empresariales, para las personas trabajadoras, y sociales de la corresponsabilidad.
16. ¿Cuál de los beneficios le parece más importante? ¿Por qué?

5.2. Implementación de planes locales de igualdad

Con el objetivo de hacer llegar las acciones a todos los ámbitos de la sociedad, la Federación Española de Municipios y Provincias ha desarrollado una guía para la elaboración de los Planes Locales de Igualdad; dichos planes suponen la concreción de las medidas de género en los diferentes aspectos de la realidad social, por lo que son una de las mayores actuaciones en cuanto a la difusión de las acciones con respecto a la corresponsabilidad y conciliación.

Fase de investigación y diagnóstico

Esta fase consistirá en investigar y diagnosticar para analizar la realidad concreta. De este modo se identificarán las necesidades, problemas, centros de interés y oportunidades de mejora, definición de la lista de prioridades y de los objetivos, examinar las posibles estrategias de actuación y analizar las contingencias de cada estrategia.

Para la recopilación de la información será fundamental tener en consideración lo siguiente:

- Recordar continuamente que el diagnóstico que se está realizando tiene sentido en cuanto que sirve para la acción.
- La realidad es cambiante; un diagnóstico de la misma solo vale como punto de partida en un momento determinado.
- Se ha de construir un equipo técnico que se responsabilice del proceso de diagnóstico.

Importante

El objeto de partida de la investigación será en todo momento: la igualdad y la desigualdad en relación a las mujeres y hombres de la comarca.

La investigación con enfoque de género tiene sus propios criterios, que en pocas líneas son los siguientes:

- Para todas las investigaciones que se realicen bajo la perspectiva de género se deberá realizar un análisis y comparativa de la situación actual de hombres y mujeres, en relación a sus necesidades, intereses y expectativas.
- Si se producen diferencias significativas en relación a la situación de hombres y mujeres será importante destacar cuáles son aquellas causas o motivos que las producen.
- En las investigaciones desde la perspectiva de género será necesario tener en cuenta cuáles son aquellos mecanismos sociales que producen las desigualdades y mediante los que se producen las siguientes situaciones:

a. Invisibilizar los papeles y roles sociales que las mujeres han ocupado a lo largo de la historia, así como su contribución al desarrollo de la sociedad.
b. Relegar a un segundo plano la importancia de las tareas desarrolladas por las mujeres, sobre todo en el ámbito doméstico y privado.
c. Eliminar la participación de las mujeres en el ámbito público, siendo el ámbito principal para la toma de decisiones, y haciendo que ocupen espacios solo en el ámbito doméstico y de cuidado, el ámbito privado.
d. Responsabilizar a las propias mujeres en materia de reproducción de las desigualdades.

La información que será necesaria se puede establecer como la siguiente:

1. El contexto local de igualdad, en el que se contendrán los siguientes datos:

   a. El contexto territorial, donde se recogerán los factores demográficos, ambientales, económicos, organizativos...
   b. El contexto institucional:

      - El contexto de la propia institución o entidad que promueve el desarrollo del Plan, tanto su cultura organizativa, como su organigrama.
      - Contextualización de las influencias de las entidades supralocales como, por ejemplo, mancomunidades, comunidades autónomas...

   c. Identificación de las influencias de las políticas de igualdad de las entidades supralocales o de los territorios cercanos.

2. El concepto de igualdad entre mujeres y hombres en el territorio:

   a. Roles:

      - Productivo remunerado.
      - Reproductivo no remunerado.
      - Comunitario (político, cultural, asociativo...).

b. Recursos: públicos, privados y comunitarios en materia de acceso, uso, control (toma de decisiones) y propiedad.
c. Expectativas, desarrolladas a partir del diagnóstico de los ciclos de vida de hombres y mujeres del territorio; estas expectativas se deberán clasificar en base a la detección de una serie de necesidades para la igualdad, del siguiente modo:

- Necesidades prácticas de las mujeres.
- Necesidades estratégicas sobre igualdad:

  - Participación igualitaria de las mujeres en los ámbitos públicos y privados.
  - Necesidades para la corresponsabilidad y participación de los hombres en igualdad.

3. El concepto de igualdad desde la institución local:

a. Precedentes sobre políticas de igualdad: memoria valorativa sobre actuaciones previas:

- Desde la población: resistencias y potencialidades.
- Desde los ámbitos técnicos y políticos: lecciones aprendidas, resistencias y potencialidades.

b. Expectativas desde el ayuntamiento:

- Resistencias.
- Potencialidades.

En la siguiente tabla se recogen de forma esquemática las fuentes y las técnicas más apropiadas para la recogida de información:

<table>
<tr><th>Fuentes</th><th>Primarias</th><th>Secundarias</th></tr>
<tr><td rowspan="2">Las mujeres y hombres del territorio</td><td rowspan="2">- Las propias mujeres y hombres del territorio.
- Personas que trabajan con responsabilidad técnica o política en la entidad local.
- Las organizaciones sociales locales: asociaciones, colectivos, especialmente de mujeres, pero también jóvenes, culturales...
- Centros educativos, centros sociales o de salud.
- Las oficinas de empleo o servicios regionales de empleo.
- Las organizaciones empresariales o gremiales.
- Las organizaciones sindicales.
- El personal técnico de organizaciones que estén trabajando sobre aspectos de desarrollo local en el territorio.
- Las facultades de las universidades de la zona.</td><td>Periódicos locales, boletines municipales o provinciales, programas de radio local, páginas web de las instituciones del territorio, memorias de actividad, etc.</td></tr>
<tr><td>Periódicos económicos, mapas específicos, revistas especializadas, libros, tesis doctorales, documentos concretos de organizaciones e instituciones.</td></tr>
<tr><td>Técnicas</td><td>- Observación estructurada.
- Entrevistas personales.
- Entrevistas grupales.</td><td>Lectura selectiva y análisis.</td></tr>
</table>

Actividades

17. ¿Existe en su localidad un Plan Local de Igualdad? En caso de respuesta afirmativa, ¿considera que se ha realizado adecuadamente la recopilación de la información? En caso de que no exista ninguno en su localidad, busque alguno a través de Internet y comente los aspectos que considere más relevantes.

Fase de priorización y planificación

Las prioridades que se establezcan en el Plan van a ser el resultado del contraste o comparación entre el diagnóstico realizado y las prioridades políticas del municipio. Dichas prioridades van a constituir las grandes líneas de actuación del Plan para enfrentar los problemas del municipio en materia de igualdad que existan. Las consecuencias del establecimiento de dichas prioridades van a ser:

- Revisión de las prioridades políticas contenidas en el programa de gobierno de la corporación municipal.
- Establecimiento de las prioridades en cuanto a los beneficiarios que se han definido en el diagnóstico.
- Establecimiento de prioridades técnicas que se desprenderán del diagnóstico de necesidades, desde el punto de vista de la coherencia metodológica y de la viabilidad.

En términos generales, la priorización puede realizarse con los siguientes criterios:

- En base a la importancia política del problema o la necesidad que se habrá de resolver o cubrir, el establecimiento de estas prioridades lo realizará la persona responsable políticamente.
- Las prioridades deberán mostrar coherencia con las necesidades extraídas del diagnóstico de la población. El equipo técnico será el encargado de mostrar estas prioridades.
- Viabilidad metodológica y de recursos para llevar a cabo cada prioridad: esto también supone un análisis técnico.

Nota

La relación y orden de las prioridades serán establecidos por los responsables políticos y por el equipo técnico responsable del Plan.

Los componentes que deben estar incluidos en el Plan son:

- **Objetivo general del Plan:** marca la línea general de actuación del Plan de Igualdad, aunque no será imprescindible que se consiga durante el periodo de actuación.
- **Objetivos específicos del Plan:** marcan los compromisos específicos que se pretenden lograr con el desarrollo del Plan, deberán encontrarse en consonancia con las actividades y el objetivo general.
- **Resultados previstos:** los resultados previstos definen los productos (servicios, materiales, documentos...) y los logros (efectos positivos) que pretenden alcanzarse con el desarrollo del Plan.
- **Indicadores sobre los resultados del Plan:** la medida de dichos indicadores servirá de base para la realización de las diferentes evaluaciones y así comprobar el cumplimiento de los resultados en los plazos estimados.
- **Estrategias del Plan:** suponen las líneas de actuación destinadas a la consecución de los objetivos.
- **Metodología del Plan:** la metodología supone la concreción de los criterios para la realización del Plan.
- **Acciones o actividades:** constituyen las actuaciones que se realizarán para lograr los objetivos propuestos en el Plan.
- **Recursos destinados al Plan:** los recursos los constituyen los medios económicos, técnicos, personales... que se pondrán a disposición del desarrollo del Plan.
- **Duración del Plan:** es el tiempo que se prevé que dure la vigencia del Plan, habitualmente la duración de los planes oscila entre los 2 y 4 años.

Fase de Seguimiento y evaluación

El seguimiento y la evaluación del Plan será imprescindible para analizar el grado de cumplimiento de los objetivos; para ello será necesario diferenciar entre los siguientes conceptos:

- La memoria es un documento que recoge una recopilación de los datos sobre las actividades y acciones llevadas a cabo de forma ordenada y detallada.
- El seguimiento valora las memorias puntuales a lo largo del Plan. El objetivo del seguimiento será la orientación de las actividades para que

se acerquen y tengan la más estrecha relación posible con los objetivos pretendidos.

- La evaluación va a centrarse en comparar los objetivos con los resultados obtenidos que podrán ser parciales o finales. Dichas evaluaciones van a permitir la toma de decisiones sobre el proyecto.

La evaluación del Plan se podrá realizar en diferentes momentos, que se podrán clasificar como:

- Una vez concluida la planificación, esta puede ser objeto de una evaluación previa. Su objetivo será revisar la coherencia entre todos los elementos del Plan.
- Cada año, estableciendo los plazos oportunos, se pueden realizar evaluaciones intermedias que permitan comparar los resultados obtenidos con los objetivos específicos propuestos.
- Al finalizar el Plan es el momento de realizar una evaluación final que necesitará información detallada sobre lo ocurrido en el desarrollo.
- También podrá llevarse a cabo una evaluación del impacto del Plan, una vez que haya pasado un tiempo prudencial, como, por ejemplo, 2 años.

Aplicación práctica

El ayuntamiento de una localidad de 10.000 habitantes ha elaborado un Plan de Igualdad para la Localidad, centrado en los aspectos de la conciliación de la vida laboral, familiar y personal de sus habitantes, con una duración de 2 años. Una vez se ha cumplido el primer año, se realiza una evaluación de seguimiento que se traduce en una memoria y que muestra que los resultados que se están obteniendo no tienen nada que ver con los objetivos propuestos. ¿Se puede hacer algo para solucionar esta situación?

SOLUCIÓN

Sí, a partir de esta evaluación intermedia se podrán reconducir las actividades planteadas en el Plan para tratar de aproximarlas a los objetivos o logros propuestos. Este es uno de los principales objetivos para la realización de dicha evaluación intermedia.

Fase de aprobación del Plan

El Plan Local de Igualdad entre mujeres y hombres deberá servir tanto para programar actuaciones en plazos determinados como para la difusión pública de los propósitos de la Concejalía en torno a la igualdad. Para llevar a cabo dicha aprobación se harán tres recomendaciones básicas:

- Contar con las motivaciones y las resistencias que se pueden encontrar entre los propios compañeros de corporación.
- Mantener una actitud de información y debate permanente.
- Defender que la política hacia la igualdad favorecerá tanto a hombres como a mujeres.

Actividades

18. ¿Considera apropiado establecer un debate permanente sobre el Plan de Igualdad? ¿Qué beneficios y perjuicios puede tener esta actitud?

6. Resumen

Las medidas de conciliación laboral, familiar y personal suponen una pieza básica en el desarrollo laboral de las mujeres. Las dificultades de hacer frente a las responsabilidades familiares combinado con el desarrollo de una carrera profesional sitúan a las mujeres en una posición de desventaja comparativa con los hombres.

En el ámbito español existen diferentes medidas y normativas que tratan de paliar dichas dificultades de conciliación. Desde las normativas internacionales expresadas en diferentes declaraciones por la OIT, pasando por el derecho europeo y el establecimiento de directivas en este sentido, hasta el desarrollo de la Legislación española, que se plasma en la Ley Orgánica 3/2007, de

22 de marzo, para la Igualdad Efectiva de Mujeres y Hombres y en los diferentes planes de igualdad nacionales, como por ejemplo el Plan de Igualdad 2022-2025 donde se recogen, específicamente, medidas para desarrollar los derechos de conciliación y corresponsabilidad en el trabajo. Asimismo, las entidades locales autónomas realizarán diferentes planes de igualdad donde se habrán de recoger medidas en este sentido.

En definitiva, se plantea el problema de la conciliación con una nueva perspectiva, por el cual deja de ser un problema exclusivamente femenino, para responsabilizar a toda la sociedad y mostrar las ventajas que esta tiene en todos los ámbitos.

Ejercicios de repaso y autoevaluación

1. **¿En qué consiste la conciliación de la vida laboral, personal y familiar?**

____
____
____
____

2. **Señale si las siguientes afirmaciones son verdaderas o falsas.**

   a. En aquellos países en los que es más difícil conciliar vida laboral y social las tasas de empleo de las mujeres suelen ser más bajas.

      ☐ Verdadero
      ☐ Falso

   b. En los países donde existen mayores niveles de conciliación se han incrementado las tasas de natalidad.

      ☐ Verdadero
      ☐ Falso

   c. La preocupación por la conciliación y corresponsabilidad no se encuentra directamente relacionada con el crecimiento económico.

      ☐ Verdadero
      ☐ Falso

3. **Complete el siguiente enunciado:**

La conciliación consistirá por lo tanto en la ______________ de una ______________ y ___________ del entorno laboral que facilite a mujeres y hombres la __________ del trabajo, las responsabilidades familiares y la vida personal.

4. Encuentre en la siguiente sopa de letras 5 palabras clave sobre la conciliación.

C	S	O	F	E	R	T	A	O	A	C	Ñ	R
O	F	D	Y	U	E	X	D	N	O	V	E	E
M	R	I	W	Y	U	I	N	I	S	P	E	A
P	R	A	H	J	I	O	A	Z	A	R	C	J
A	V	G	C	X	E	A	M	R	A	E	S	U
R	A	N	X	V	G	N	T	V	D	A	X	S
T	H	O	R	E	T	I	D	S	A	U	W	T
I	N	T	E	R	R	E	D	I	A	R	I	A
R	E	O	R	G	A	N	I	Z	A	R	B	R
N	E	P	D	E	S	A	J	U	S	T	E	E
S	R	C	B	T	U	I	O	P	M	I	Z	I
R	E	E	S	T	R	U	C	T	U	R	A	R

5. Relacione los siguientes elementos:

a. Permiso de 16 semanas para cada progenitor.
b. Permiso de 1 hora hasta que el menor tenga 9 meses.
c. Período de ausencia por cuidado de hijos/as menores o familiares hasta el segundo grado de consanguinidad o afinidad.

__ Nacimiento y cuidado de menor
__ Permiso por cuidado del lactante
__ Excedencia

6. **¿Cuáles son las ayudas recogidas para las personas trabajadoras por cuenta propia en el Estatuto del trabajo autónomo?**

____

____

____

____

7. **Los beneficios de la corresponsabilidad en la empresa derivados de la conciliación en el ámbito laboral, tienen una serie de implicaciones. ¿Cuál de las siguientes no es una de ellas?**

   a. Mejoran las relaciones y el clima laboral en la empresa.
   b. Aumenta la productividad.
   c. Aumenta el absentismo laboral.
   d. Crece la implicación y compromiso de la plantilla.

8. **Complete el siguiente texto:**

   La gestión de la conciliación en la empresa va a implicar un nuevo modelo en la gestión de ______________________. Al ser estos tiempos más flexibles se reducirán los tiempos muertos o poco productivos y se planificarán las tareas en base a la ______________________________, de manera que la flexibilidad en la gestión repercute en una ______________________ y una mejora en los ___________________________.

9. **¿Cuáles son los beneficios de la corresponsabilidad para las personas trabajadoras?**

____

____

____

____

____

____

____

10. Ordene las fases de la implementación de Planes de Igualdad en las entidades locales.

__ Fase de investigación y diagnóstico
__ Fase de seguimiento y evaluación
__ Fase de priorización y planificación
__ Fase de aprobación del plan

Glosario

Acciones o discriminación positiva
Medidas específicas a favor de las mujeres para corregir situaciones patentes de desigualdad de hecho respecto a los hombres. Tales medidas serán aplicables en tanto subsistan dichas situaciones, habrán de ser razonables y proporcionadas en relación con el objetivo perseguido en cada caso.

Acoso declarado
Aquellas situaciones sufridas en el último año y percibidas por la persona que las padece como acoso sexual o acoso por razón de sexo.

Acoso sexual
Comportamiento con connotaciones sexuales (físicas o verbales) mediante las que una persona agrede o intimida a otra, en el entorno laboral.

Acoso técnico
Situaciones que construyen acoso a juicio de personas expertas, sufridas en el último año por una persona, independientemente de que esta la señale o no como acoso sexual.

Brecha salarial
Mide la diferencia existente entre los salarios percibidos por los trabajadores y las trabajadoras, calculada sobre la base de diferencia media entre los ingresos brutos por hora de todos los trabajadores y trabajadoras.

Coeducación
Se podrá entender como un proceso intencionado de intervención en la práctica educativa que perseguirá el desarrollo de las personas con independencia del sexo y género con el que se corresponda.

Competencia
Es el conjunto de conocimientos, destrezas, aptitudes y actitudes para desempeñar eficazmente una ocupación.

Conciliación
La conciliación de la vida personal, laboral y familiar consiste en una estrategia que va a facilitar la igualdad efectiva entre mujeres y hombres. Está encaminada a conseguir una reorganización del sistema social y económico donde mujeres y hombres puedan hacer compatibles las diferentes etapas de su vida: empleo, familia, ocio y tiempo personal.

Corresponsabilidad
Reparto igualitario en las labores domésticas y de cuidado entre mujeres y hombres.

Demanda de empleo
Se encuentra conformada por el conjunto de trabajadores/as que solicitan obtener un puesto de trabajo, se encuentren o no en situación de desempleo. Los y las demandantes de empleo realizan la demanda de empleo ante una oficina del servicio público de empleo.

Desajustes del mercado de trabajo
Los desajustes son producidos cuando existe un exceso de demanda de empleo o un exceso de oferta.

Discriminación directa
Trato diferencial de inferioridad, marginación o subordinación a una persona por motivos de género.

Discriminación indirecta
Situación en el que una ley, norma, política o práctica social, que en principio es aparentemente neutra, genera una situación de impacto adverso a uno de los sexos o géneros.

Empleabilidad
Consiste en el conjunto de factores que permiten a la persona estar en sintonía con el mercado de trabajo. Se podrá entender como las facilidades o dificultades para situarse de manera favorable ante oportunidades de empleo y la capacidad para adaptarse a los cambios del mercado de trabajo.

Empleo
Conjunto de modalidades de acceso y salida del mercado de trabajo, así como la traducción de la actividad laboral en términos de estatus sociales.

Empoderamiento
Proceso de cambio mediante el que las mujeres aumentan su acceso a los mecanismos de poder en orden a actuar para mejorar su situación.

Estereotipos
Conjunto de creencias o imágenes mentales muy simplificadas y con pocos detalles acerca de un grupo determinado de gente que son generalizados a la totalidad de los miembros de su grupo.

Género
Construcción cultural por la que se adscriben los roles sociales, actitudes y aptitudes diferenciados para hombres y mujeres en función de su característica biológica de sexo.

Intermediarios del mercado de trabajo
Se consideran todas aquellas entidades y organismos que facilitan que los demandantes de empleo accedan a las ofertas existentes, es decir, ponen en conexión a demandantes de empleo con ofertantes de empleo.

Machismo
Actitud y comportamiento de prepotencia que ejercen los hombres sobre las mujeres, imponiendo la supremacía de los valores y rasgos tradicionalmente atribuidos a los hombres sobre los atribuidos a las mujeres.

Mainstreaming
Organización o reorganización de los procesos sociales y políticos, de modo que una perspectiva de igualdad de género se incorpore en todas las políticas, a todos los niveles y en todas las etapas, por los actores normalmente involucrados en la adopción de dichas políticas.

Mercado de trabajo
Se considera el entorno en el que confluyen los demandantes y ofertantes de empleo interactuando entre sí en un espacio y tiempo concretos.

Oferta de empleo
Se entienden aquellos puestos de trabajo que las empresas desean cubrir por encontrarse libres o vacantes. Las empresas pueden ser de carácter privado o público, en ambos casos son las mayores generadoras de ofertas de empleo.

Orientación laboral
Es un proceso de identificación y gestión de las capacidades y recursos personales y profesionales, que tendrá como objetivo la elaboración y puesta en práctica del proyecto de inserción sociolaboral.

Patriarcado
Sistema de organización social por el que los puestos clave de poder son ocupados de forma exclusiva y generalizada por hombres.

Personas dependientes
Personas que necesitan ayuda puntual o continuada a lo largo del día para realizar las actividades básicas de la vida diaria.

Plan de igualdad
Conjunto ordenado de medidas, adoptadas después de realizar un diagnóstico de la situación, tendentes a alcanzar en la empresa la igualdad de trato y de oportunidades entre mujeres y hombres y a eliminar la discriminación por razón de sexo.

Segregación horizontal
Se entiende como la segregación laboral que se produce por sectores o ramas de actividad en el mercado de trabajo. Consiste en el porcentaje de mujeres u hombres que se concentran en un sector laboral determinado, en relación con el porcentaje que ese sector supone en la ocupación total de mujeres y hombres.

Segregación ocupacional
Hace referencia a la división del trabajo por sectores laborales.

Segregación vertical
Se refiere a la concentración de mujeres y hombres en diferentes grados y niveles específicos de puestos y ocupaciones profesionales.

Servicios de orientación
Se trata de aquellos servicios que, de forma totalmente gratuita, ofrecen asesoramiento a los demandantes de empleo para mejorar sus posibilidades de encontrar trabajo, ya sea por cuenta propia o ajena.

Sexismo
Actitud y conducta jerárquica y discriminatoria que ejerce una persona sobre otra por motivo de su identidad sexual o de género.

Sexo
Conjunto de características biológicas de las personas que las determinan como hombres o mujeres.

Suelo pegajoso
Agrupa aquellas "fuerzas" que mantienen a las mujeres en la base de la pirámide económica.

Techo de cristal
Superficie superior invisible en la carrera laboral de las mujeres, que es difícil de traspasar e impide el avance hacia los puestos jerárquicamente superiores.

Trabajo
Actividad de producción de bienes y servicios, así como el conjunto de las condiciones de ejercicio de dicha actividad.

Violencia de género
Cualquier tipo de violencia, ya sea verbal, psicológica, física o sexual que se ejerce contra una persona en razón de su género y/o en razón de su identidad sexual.

Bibliografía

Monografías

- RODO Zarate, M.: *Interseccionalidad, desigualdades, lugares y emociones.* Barcelona. Edicions Bellaterra, 2021.
  Manual interesante que realiza un análisis del término interseccionalidad, a nivel internacional.

- VV.AA.: *Informe 01/2022 a iniciativa propia sobre Mujeres, trabajos y cuidados: Propuestas y perspectivas de futuro.* Madrid, 2023.
  Informe que analiza las desigualdades de las mujeres en España desde el punto de vista laboral y de la distribución de los trabajos de cuidados a las personas.

Legislación

- Ley Orgánica 3/2007, de 22 de marzo, para la igualdad efectiva de mujeres y hombres.
  Normativa que regula el derecho de igualdad de trato y de oportunidades entre mujeres y hombres, mediante la eliminación de la discriminación de la mujer en cualquiera de los ámbitos de la vida.

- Real Decreto 902/2020, de 13 de octubre, de igualdad retributiva entre mujeres y hombres.
  Normativa que tiene por objeto el desarrollo reglamentario de la igualdad retributiva en consonancia con la Ley Orgánica 3/2007 y el Estatuto de los Trabajadores.

- Ley 15/2022, de 12 de julio, integral para la igualdad de trato y la no discriminación.
  Norma legal que persigue el establecimiento de garantías y la promoción del derecho a la igualdad de trato y la no discriminación.

Textos electrónicos, bases de datos y programas informáticos

- Instituto Nacional de Estadística, de: <https://www.ine.es/>.
  Página web del Instituto nacional de estadística que suministra datos de muy diversa índole en función de los criterios indicados.

- Instituto de las Mujeres, de: <https://www.inmujeres.gob.es/home.htm/>.
  Página web nacional del Instituto de las Mujeres en la que se puede encontrar información muy diversa relacionada con el ámbito de la igualdad, en los distintos escenarios donde se puede aplicar.

- Ministerio de igualdad, de: <http://www.igualdad.gob.es/>.
  Página web del Ministerio de igualdad integrada por enlaces a organismos relacionados con este ámbito.

- Ministerio de trabajo y economía social, de: <https://www.mites.gob.es/index.htm/>.
  Página web del Ministerio de trabajo y economía social compuesta por recursos, enlaces e información relevante en el ámbito laboral y social.